KB037928

이반 일리치

1926년 오스트리아 빈에서 태어났다. 어린 시절부터 중부 유럽을 떠돌다가 나치 박해를 피해 이탈리아로 피신한 후, 화학·신학·역사학 분야에서 학위를 받았다. 1951년 로마에서 사제 서품을 받고, 교황청 국제부직이 예정되었으나 미국으로 건너가 뉴욕 빈민가의 보좌신부로 가난한 사람들과 함께 살았다. 1956년 서른 살에 푸에르토리코 가톨릭 대학교 부총장이 되었다. 1966년 멕시코에 〈문화교류문헌자료센터CIDOC〉를 설립해 당시 세계를 휩쓸던 개발 이념에 도전했다. 이 센터는 급진 운동의 근거지이자 사상의 싱크 탱크가 되었다. 교회에 대한 비판으로 교황청과 마찰을 빚다가 1969년 스스로 사제직을 버렸다. 1971년 『학교 없는 사회』를 발표한 후 『공생을 위한 도구』, 『의학의 한계』 등으로 현대 문명에 근원적 도전을 던지며 세계적인 주목을 받았다. 1980년대에는 현대 관념의 뿌리를 밝히기 위해 12세기로 거슬러 오르는 사상적 여정을 시작해 『과거의 거울에 비추어』, 『텍스트의 포도밭에서』 등을 출간했다. 사회학·철학·경제학·여성학·종교학·언어학 등의 분야에서 탁월한 업적을 남겼다. "가장 급진적 사상가"(타임스)이자 "위대한 사상가"(가디언)로 평가받은 그는, 보수주의자에게는 '사상의 저격수'로 두려움의 대상이었고, 진보주의자에게는 시대를 앞선 성찰로 불편함의 대상이기도 했다. 말년에는 한쪽 뺨에 자라는 혹으로 고통받았지만 현대식 의료를 거부했다. 2002년 12월 2일 독일 브레멘에서 눈을 감았다.

허택

번역편집자. 2taeker@naver.com

IVAN ILLICH
1926–2002

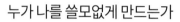

누가 나를 쓸모없게 만드는가

THE RIGHT TO USEFUL
UNEMPLOYMENT
and its professional enemies
by Ivan Illich

First published by Marion Boyars Publishers
in Great Britain in 1978
Copyright © Valentina Borremans
All rights reserved.

This Korean edition was published by Slow Walking in 2014
by arrangement with MARION BOYARS PUBLISHERS LTD
through KCC(Korea Copyright Center Inc.), Seoul.

이 책은 ㈜한국저작권센터(KCC)를 통한
저작권자와의 독점계약으로 느린걸음에서 출간되었습니다.
저작권법에 의해 한국 내에서 보호를 받는 저작물이므로
무단전재와 복제를 금합니다.

누가 나를 쓸모없게 만드는가

THE RIGHT
TO USEFUL
UNEMPLOYMENT

IVAN ILLICH
이반 일리치 허택 옮김

차례

일러두기

1. 이 책은 Ivan Illich, *THE RIGHT TO USEFUL UNEMPLOYMENT and its professional enemies* (Marion Boyars Publishers,1978)를 우리말로 옮긴 것입니다.
2. 본문 중의 강조 표시는 모두 지은이의 것입니다.
3. 각주는 대부분 옮긴이의 주석이고, 원서의 주는 '원주'로 표시하였습니다.

서문

지난 10여 년 동안 나는 산업 생산 양식에 관하여 글을 쓰고 여러 권의 책[1]을 출간했다. 그간 출간된 책들에서는 대량 생산된 상품과 서비스에 의존할수록 함께 사는 삶에 필요한 기반이 서서히 붕괴되는 과정에 초점을 맞춰왔다. 각각의 글에서 나는 경제 성장마다 드러나는 구체적 영역을 조사하면서 한 가지 일반 법칙을 이끌어낼 수 있었다. 그것은 어느 순간 산업 생산 양식이 내가 이름 붙인 '근원적 독점'이 되어버리면 사용가치는 필연적으로 파괴된다는 것이다. 이전의 글에 이어 이 책에서는 산업이 발전하면서 어떻게 '가난의 현대화'를 만들어 내는지 설명하려

---

1 원주) 『학교 없는 사회 *Deschooling Society*』, 1971. 『공생을 위한 도구 *Tools for Conviviality*』, 1973. 『에너지와 형평성 *Energy & Equity*』, 1974. 『의학의 한계 *Limits to Medicine*』, 1976. 『인간을 불구로 만드는 전문가들 *Disabling Professions*』, 1977.

한다.

'현대화된 가난'은 과도한 시장 의존이 어느 한계점을 지나는 순간부터 나타나기 시작한다. 이 가난은 산업 생산성이 가져다준 풍요에 기대어 살면서 삶의 능력이 잘려나간 사람들이 겪어야 하는 풍요 속의 절망이다. 이 가난에 영향을 받는 사람은 창조적으로 살고 주체적으로 행동하는 데 필요한 자유와 능력을 빼앗긴다. 그리고 플러그처럼 시장에 꽂혀 평생을 생존이라는 감옥에 갇혀 살게 된다. 현대의 이 새로운 무력함은 너무나도 깊이 경험되는 것이라 겉으로는 거의 드러나지 않는다. 예를 들면 우리 시대에는 일상 언어에 변화가 일어나고 있지만 거의 알아차리지 못한다. 지금까지 만족스러운 행위를 표현할 때 쓰던 말은 대부분이 동사였지만, 이제는 오로지 수동적 소비를 하도록 고안된 상품을 가리키는 명사가 그 자리를 대체하고 있다. 예컨대 전에는 무언가를 '배운다'고 말했지만, 지금은 '학점 취득'이라 말한다. 여기에는 개인과 사회의 자아상에 깊디깊은 변화가 일어났다는 사실이 반영되어 있다.

하지만 자신이 겪고 있는 것이 무엇인지 정확히 표현하는 데 애를 먹는 것은 평범한 사람만의 문제가 아니다. 경제학자는 기존의 경제 이론으로는 발견할 수 없는 이 현대의 가난을 인식하지 못한다. 그럼에도 이 새로운 돌연변이 가난은 계속 퍼져 나간다. 개인의 재능과 공동체의 풍요, 그리고 환경 자원을 자율적으로 사용하지 못하는 현대의 특이한 무능이 우리 삶을 속속들이 감염시킨다. 그리하여 전문가가 고안한 상품들이 문화적으로 형성된 사용가치를 몰아내고 그 자리를 차지하게 되었다. 개인적으로든 사회적으로든 시장 밖에서 만족을 얻을 기회는 그렇게 사라져버렸다. 예를 들어, 지금 내가 가난한 것은 로스앤젤레스에 살면서 35층 고층건물에서 일하느라 두 발의 사용가치를 잃어버렸기 때문이다.

인간을 무력하게 만드는 이 신종 가난을, 부유한 사람과 가난한 사람 간에 벌어진 소비 격차와 혼동하지 말아야 한다. 날이 갈수록 인간의 기본적 필요가 상품이 되어가는 세계에서 점점 더 벌어지는 이 소비 격차는 전통적 가난이 산업사회의 방식으로 드러나는 모습이며, 기존의 계급투쟁이라는 개념으로 이 격차를 적절히 노출시키거나 줄일 수 있다. 또한 현대의 가난은 생산 수준이 올라가면서 환경에 뿜어내는 외부효과[2] 때문에 짊어져야 하는 사회적 비용과도 다르다. 환경오염과 스트레스, 세금이 불평등하게 부과되고 있는 것은 사실이다. 이런 피해를 막을 수단 또한 그만큼 불평등하게 배분된다. 그러나 소비 격차와 마

---

2 Externality. 시장 활동으로 인한 경제적 영향이 그 시장 활동에 참여하지 않은 제3자에게 미치는 것. 우리가 시장에서 명확하고 명시적으로 지불하는 비용 말고, 시장 활동 때문에 결국 들어가게 될 비용, 예컨대 공장의 환경오염이라든가 상품을 폐기할 때 들어가는 비용 등 시장 가격에 반영되지 않은 비용을 말한다.

찬가지로 이 부당한 사회적 비용도 산업사회에서 나타나는 전통적 가난의 특징이다 보니 경제 지표나 객관 증거로 밝혀낼 수 있다.

하지만 부자나 가난한 사람이나 가리지 않고 영향을 미치는 이 산업화된 무력함은 그렇지가 않다. 현대의 새로운 가난이 만연하는 세상에서 상품에 중독되지 않고 살아가는 것은 불가능하거나, 죄악이거나, 또는 두 가지 다일 수 있다. 소비를 하지 않고 무언가를 한다는 건 불가능하다. 평균 수준의 소비자뿐만 아니라 가난한 사람도 마찬가지다. 이들에게는 어떤 사회 복지도, 직업 훈련도, 소수 집단 우대 정책도 도움이 되지 않는다. 미국과 쿠바, 스웨덴에서 국민에게 표준 주택을 공급하는 법안이 통과되면서 자신만의 특별한 집을 설계하고 만들 자유는 사라졌다. 인력과 기술, 건설자재, 관련 법규와 대출 등은 주거를 인간의 활동이라기보다 하나의 상품으로 취급하듯 조직된다. 그 상품을 제공하는 쪽이 기업가든 관료든 현실에서 나타나는 결과는 똑같다. 그 결과는 인간의 무력함으로, 우리 시대에만 겪는 특별한 가난이다.

경제 성장의 그림자가 드리워지는 곳 어디서든, 직장에 다니지 않거나 소비를 하지 않는 사람은 쓸모없는 인간으로 취급된다. 공인된 전문가의 허가 없이 집을 짓거나 아픈 사람을 치료했다가는 법을 우습게 아는 겁 없는 사람으로 보일 것이다. 우리는 자기 안의 재능을 볼 수 있는 눈을 잃었고, 그 재능을 발휘하도록 환경조건을 조절할 힘을 빼앗겼고, 외부의 도전과 내부의 불안을 이겨낼 자신감을 상실했다. 오늘날 멕시코에서 아이를 어떻게 낳는지를 예로 들어 보자. 남편이 정규직 직장에 다닌다는 이유만으로 최소한의 사회복지의 대상에서 제외되는 여성에게 전문가의 보살핌 없이 아이를 낳는 건 생각할 수도 없는 일이다. 이들은 산업사회의 생산양식을 그대로 반영하는 출산 방식을 따른다. 반면에 빈민가나 외진 시골에 사는 그들의 형제들은 여전히 집에서 아이를 낳을 능력이 충분히 있다고 생각한다. 현대 사회에서는 이런 출산 방식이 조만간 아이를 소홀히 다룬 혐의로 기소될 행위라는 걸 그들은 아직 모르는 것이다. 하지만 이 자립적인 여성에게도 현대의 전문가가 고안한 출산 방식이 손길을 뻗치면서 자율적 행위를 위한 조건, 그리고 열망과 능력은 점차 파괴되어간다.

선진국에서 가난의 현대화는 전문가의 공언 없이는 아무리 자명한 것도 깨닫지 못하는 현상으로 나타난다. 여기서 전문가란 텔레비전 기상 캐스터일 수도 있고, 교사일 수도 있다. 몸에 조금만 이상한 기미가 생겨도 병원에 가서 진단을 받거나, 아니면 스스로는 아무것도 못하고 목숨이 위태로울 지경에 이를 때까지 내버려둔다. 서로 떨어진 거리를 교통수단이 이어주지 않으면 친구나 이웃과도 멀어진다. ('떨어진 거리'는 처음부터 교통수단이 만들어낸 개념이다) 간단히 말해, 우리는 대부분의 시간을 세상과 접촉하지 못한 채 지내고, 누군지 모르는 사람을 위해 일을 하고, 자신이 느끼는 것과 조화를 이루지 못한 채 살아가는 것이다.

1973년에 『공생을 위한 도구 *Tools for conviviality*』를 출간하고 난 뒤 그 사이 경제 현실도 변하고, 내 견해도 바뀌었다. 이 책은 그 변화를 반영해 정리한 후기後記 성격을 지닌다. 그동안 기술이나 제도 영역에서 기술과는 상관없는 의례와 상징의 힘이 비약적으로 커졌다. 그만큼 과학적이며 전문적이고 합리적인 신뢰는 감소했다. 1968년을 예로 들면, 그때까지만 해도 전문가의 권위에 맞서는 사람은 낭만주의자이거나 반계몽주의자 혹은 몽상에 사로잡힌 엘리트로 치부되곤 했다. 평범한 사람들이 상식으로 기술과 제도를 평가하는 수준은 미숙하거나 시대에 역행하는 것처럼 여겨졌다. 즉 시민운동을 이끄는 정치 지도자나, 전문 지식을 수단으로 가난한 사람의 교사임을 자임하는 '진보적' 전문가에게 돌아가자는 것이었다. 전문가들이 정의하는 필요와 문제, 해결을 중심으로 후기 산업사회를 재편하자는 주장은 이념과 정치, 사법 제도에서 암암리에 모두가 받아들인 가치였다. 다른 사안이라면 분명히 극렬하게 대립했을 이들이 이 점에서만은 의견 일치를 보았다.

지금은 상황이 바뀌었다. 전문가가 만든 기술이 과연 향상된 기술인지, 현대적인 기술인지에 대한 최종 인증을 공동체와 이웃들, 시민의 모임이 담당하게 되었다. 체계적인 기술 분석을 통해 이들은 전문 제도권의 대리인들이 대중을 위해 정의했다고 하는 '필요'와 '문제', 그리고 '해결'을 비웃으면서 스스로 확신을 하기에 이르렀다. 60년대까지만 해도 전문가의 견해에 기초해 제정된 법률에 이의를 제기하는 사람은 과학에 심한 편견이 있는 사람처럼 보였다. 이제는 전문가의 견해에 기반한 공공정책을 신뢰하는 사람은 드물다. 수많은 사람이 전문가의 도움 없이도 자신에게 필요한 과학적 정보를 얻고 스스로 결정을 내린다. 어떤 경우에는 희생이 뒤따르고 죽음을 감수하더라도 직접 행동에 나서기도 한다. 이들은 자유와 기득권을 희생하면서까지 현대의 과학적 태도란 무엇인지를 보여주는 산 증인이 된다. 이들이 깨달은 것은 원자력 발전소, 중환자실, 의무교육, 태아 검사, 정신외과, 전기충격 요법, 유전공학 등의 오류를 입증하는 결정적 증거는 충분하며, 이 증거들이란 모두 단순하고 명확해서 보통 사람도 충분히 이해하고 활용할 수 있다는 것이다.

10년 전만 해도 의무교육은 누구도 이의를 제기할 수 없는 강고한 성역이었다. 그때와 달리 지금 의무교육을 옹호하는 이들은 거의 어김없이 학교가 있어야 생계를 유지하는 교사이거나 세련된 부르주아와의 이론 싸움에서 전문 지식을 지켜야 하는 마르크스주의자일 확률이 높다. 10년 전에는 현대 의료 제도의 효과가 얼마나 뛰어난지 그 신화를 의심하는 이가 거의 없었다. 대부분의 의학 교재에는 그 신화가 그대로 실렸다. 즉 현대에 들어 성인의 평균 수명이 길어졌고, 암 치료 기술로 환자의 생명이 연장되었으며, 의사 덕분에 유아 생존율이 높아졌다는 내용이었다. 하지만 얼마 지나지 않아 사람들은 인구동태통계의 지표만 보면 언제든 알 수 있었던 사실을 '발견하게 되었다'. 즉 성인 평균 수명은 지난 몇 세대 동안 사회적으로 의미가 있을 만큼의 변화가 전혀 없었으며, 가장 부유한 나라의 평균 수명은 전 세대보다도 낮아졌고 가난한 나라보다도 길지 않았다. 10년 전, 인류의 고귀한 목표는 누구나 누릴 수 있는 고등교육과 평생교육, 예방의학과 고속도로, 그리고 초고속 통신으로 연결된 지구촌이었다. 오늘날에는 교육, 교통, 의료, 도시화를 둘러싸고 위대한 신화를 만들던 제례祭禮의 신비가 어느 정도 벗겨졌다. 그러나 아직 제도화가 허물어진 것은 아니다.

그림자 가격shadow price이나 갈수록 벌어지는 소비 격차도 현대의 가난에 포함된 중요한 특징이다. 하지만 나의 주된 관심사는 현대화가 일으키는 다른 결과들이다. 즉 자율은 무너지고, 기쁨은 사그라지고, 경험은 같아지고, 욕구는 좌절되는 과정에 있다. 예를 들어 나는 과도한 에너지로 움직이는 교통수단이 어떻게 서로가 이어지는 걸 방해하는 사회적 걸림돌이 되는지를 조사했다. 누구나 목적지에 빠르게 도착하고 모두가 자동차를 공평하게 사용할 때 자동차에 필요한 연료의 한도를 정해보고 싶었다. 물론 나는 초고속 교통체계의 특혜는 소수만 누리고, 피해는 다수가 받는다는 걸 잘 알고 있다. 대다수의 시민은 아침부터 서둘러야 하고, 소음과 공해를 겪어야 한다. 하지만 나의 관심은 다른 데 있다. 나는 현대성에 들어 있는 부정적 **속성**에 초점을 맞추고자 한다. 시간을 잡아먹는 초고속 교통, 병을 만드는 의료, 사람을 바보로 만드는 교육이 그것이다. 허울뿐인 혜택이 불평등하게 분배되고 부정적 **외부효과**가 불평등하게 부과되는 것은 이 부정적 속성에 뒤따르는 결과이다. 나의 관심사는 현대화된 가난이 인간에게 끼치는 직접적이며 구체적인 결과이며, 그것을 견뎌내는 인간의 인내이며, 이 새로운 비참함에서 벗어날 가능성이다.

나는 다른 사람들과 마찬가지로 이 세계에 정의가 널리 퍼지는 것을 간절히 보고 싶다. 모든 인간이 기쁨 속에서 진정으로 함께 누려야 할 것을 불평등하게 분배하는 것에 분명히 반대한다. 하지만 최근에 나는 과연 그 분배라는 게 무엇을 대상으로 하는지 세심히 조사해야겠다고 생각했다. 오래전, 후기 산업사회의 모든 기업에 잠복한 반생산적인 신화 생산에 관해 처음으로 말을 하고 글을 쓰기 시작했을 때보다도 이 과제는 지금 더분명해졌다. 그때나 지금이나 변하지 않는 나의 목표는 인간을 오로지 좌절시키기 때문에 **항상** 부당한 이 시대의 거짓 풍요를 발견하고 고발하는 것이다. 이러한 분석을 통해 21세기를 사는 사람들을 위한 사회적 재생에 영감을 주는 이론이 가능해질 것이다.

　최근 몇 년 동안 나는 도구의 본성과 그 도구를 사용하는 사회에 확립된 정의 사이에 어떤 연관이 있는지를 꾸준히 조사해왔다. 이 과정에서 인간의 권리를 전문가가 만들어내는 사회에서는 자유가 소멸할 수밖에 없다는 걸 지켜보게 되었다. 나는 다음과 같이 두 가지로 나누고 양쪽을 서로 비교했다. 현대의 도구 중 상품 생산력을 향상하는 도구와 사용가치를 만드는 도구, 대량 생산 상품을 구매할 권리와 개인이 만족을 얻고 창조적으로 표현할 자유, 급여를 받고 하는 일과 고용되지 않고 할 수 있는 의미 있는 일을 서로 비교해 보았다. 그리고 이렇게 타율적 관리와 자율적 행동으로 나누어 비교했을 때, 후자를 회복하기 위해서는 많은 고통과 노력이 따르리라는 것을 알게 되었다. 이 책의 독자들처럼 나 역시 상품과 권리, 일자리는 근본적으로 공정하게 분배되어야 한다는 확고한 신념이 있기 때문에 그러한 정의를 위해 투쟁하자는 주장은 불필요한 듯하다. 오히려 그 정의를 보완하고 조화를 이루게 하는 것이 더 중요하고 어려운 문제라고 생각한다. 나는 그것을 '공생의 정치'라 부르고자 한다. 『공생을 위한 도구』에서 기술적 의미로 사용했던 이 용어는 사용가치를 만들 수 있는 자유를 공정하게 분배하기 위한 저항을 의미한다. 또한 기업과 전문가가 만든 상품으로부터 혜택을 가장 적게 누리는 사람에게 사용가치를 만들 가장 큰 권한을 부여하도록 생산의 우선순위를 매김으로써 자유를 실현하려는 저항을 의미한다.

정치적 절차를 통해 한 사회가 생산할 부와 일자리에 한계를 설정해야만 부와 일자리 모두 공평하게 나누어져 누구나 자유롭게 누릴 수 있다. '공생의 정치'는 이러한 통찰에 근거한다. 과도한 부가 생산되거나 고용 기간이 너무 길어지면, 아무리 잘 분배하더라도 평등하고 생산적인 자유를 누리는 데 필요한 사회적, 문화적, 자연적 조건이 파괴되고 만다. 비트bit와 와트watt(각각 정보와 에너지 단위를 나타낸다)가 어느 한계를 넘어 대량 생산 상품에 과도하게 투입되면 **필연적으로** 인간을 '가난하게 만드는 부impoverishing wealth'를 구성하기에 이른다. 이 가난한 부는 함께 나눌 수 없을 만큼 희소한 부이거나, 한 사회의 가장 힘없는 사람에게서 자유와 해방을 빼앗는 파괴적인 부이다. 나는 지금까지 펴낸 책들을 통해 사회적으로 치명적일 수 있는 풍요의 한계를 시민 스스로 인식하여 사회적 차원의 상한선과 한계를 설정하는 정치 절차를 만드는 데 이바지하고자 한다.

들어가며

—◆—

50년 전만 해도 미국에서 사람들이 하는 말의 대부분은 상대방에게 직접 건네는 것이었다. 군중 속에 묻힌 누군가에게 말을 하는 경우란 교실이나 교회, 집회장이나 서커스장이 거의 전부였고, 그마저도 아주 드물었다. 그때만 해도 말이란, 요즘처럼 우체통에 버려지는 광고 전단이 아니라 마치 손으로 한 자 한 자 쓴 다음 봉해지는 편지와 같았다. 오늘날에는 오히려 한 사람에게 직접 다가가 말을 건네는 경우가 드물어졌다. 이미지, 생각, 감정과 견해는 미디어를 통해 가공되고 포장되어 밤낮없이 우리의 감각을 파고든다.

이제 두 가지가 확실해졌다.

1. 언어에서 일어난 이러한 변화는 점점 더 확산되는 '필요-만족 관계'와 일치한다.

2. 전 세계적으로 산업적 도구가 공생의 도구를 대체하면서 뉴욕의 교사, 중국의 공산당원, 아프리카 바투족의 학생, 브라질의 직업군인이 여지없이 똑같은 사람이 되어가고 있다.

나는 『공생을 위한 도구』에 이어 이 책에서 다음 세 가지 작업을 하고자 한다.

1. 날마다 무더기로 상품을 쏟아내어 사용가치의 자율적 창조를 마비시키는 상품·시장 의존 사회의 특징을 묘사하려 한다.

2. 이 시장 의존 사회에서 필요를 만들어내며 전문가들이 수행하는 숨겨진 역할을 파헤치려 한다.

3. 진실을 감추는 환상을 벗겨낸 다음, 시장 의존을 영구화하는 전문가 권력을 허물어낼 전략을 제안하고자 한다.

1

위기인가 선택인가

오늘날 **위기**란 말은 의사, 외교관, 은행가, 온갖 사회 공학자가 모든 상황을 접수하고 사람들의 자유를 유보하는 상황을 의미하게 되었다. 국가도 사람처럼 중환자 리스트에 오른다. '위기 Crisis'는 원래 그리스어로 '선택' 또는 '전환점'을 뜻했다. 하지만 현대의 모든 언어권에서 이 말은 '운전수, 이제 속도를 높이게' 와 같은 의미로 통한다. 이 '위기'에는 불길한 기운이 풍기지만 다룰 만한 위협이므로 돈과 인력, 관리 기법이 총동원된다. 죽어가는 사람을 치료하는 중환자실, 사회적 차별로 생긴 희생자를 보호하는 제도, 에너지 과소비를 해결하려는 원자력 발전이 전형적인 대응 방식이다.

위기가 이런 식으로 이해되면, 위기는 언제나 대기업 임원이나 관료, 특히 어제의 경제 성장에서 떨어진 부작용을 먹고사는 이들에게 좋을 수밖에 없다. 예를 들면 그들은 사회적 소외를 먹고사는 교사, 건강을 해치는 노동과 여가 위에서 번창하는 의사, 그리고 도움을 받아야 하는 사람에게서 걷은 돈으로 복지를 분배하며 영향력을 행사하는 정치인들이다. 위기가 속도를 계속 높이라는 요구로 이해되면 승객은 안전띠를 더 단단히 조여야 하지만, 운전자의 손에는 더 많은 권력이 주어진다. 뿐만 아니라 자동차를 몰기 위한 공간과 시간, 자원의 약탈은 정당화되고 자신의 두 발로 걷고자 하는 이들은 희생된다.

그러나 위기에는 꼭 그런 의미만 있을 리가 없다. 관리를 가속하기 위해 무턱대고 돌진하는 것만을 의미할 리 없다. 우리에게 위기는 선택의 순간일 수 있다. 어느 날 문득 자신이 스스로 만든 새장에 갇혀 살았다는 걸 깨닫고, 다른 삶의 가능성을 모색하는 기적의 순간이 될 수 있다. **이것이** 바로 오늘 미국과 전 세계가 맞닥뜨린 선택으로서의 위기이다.

전 세계가 직면한 선택

최근 몇십 년 들어 세계는 하나의 혼합물이 되었다. 일상의 사건을 대하는 인간의 반응은 표준화되었다. 언어와 종교는 아직 다르지만, 사람들은 똑같은 거대 기계의 박동 소리에 발맞추어 행진하는 엄청난 다수의 무리에 매일매일 합류한다. 문 옆에 달린 전기 스위치가 그동안 저마다의 방식으로 어둠을 밝혀온 장작과 초, 등잔을 몰아내고 말았다. 최근 10년 사이 전 세계의 전기 스위치 사용자는 세 배가 증가했고, 수세식 화장실은 편안한 배변을 위한 필수 조건이 되었다. 고압 전선에서 흘러나오는 빛과 부드러운 화장지가 없다는 이유로 역사상 그 어느 때보다 많은 사람에게 가난이라는 낙인이 찍혔다. 기대는 커지는 반면, 자신의 능력에 대한 낙관적 믿음과 다른 사람에 대한 관심은 급속도로 사그라졌다.

한없이 지루하거나 시끄러운 미디어가 공동체와 마을, 회사와 학교로 깊숙이 파고들며 우리의 생활을 침범한다. 틀에 박힌 대본을 낭송하고 편집하여 만든 소리가 일상 언어를 뒤틀고, 우리의 말은 포장된 메시지를 전달하기 위한 부품으로 전락한다. 오늘날에는 연예인이나 정치인, 학원 강사 대신 인간의 말을 들을 수 있는 곳에서 아이가 자라게 하려면, 두 가지 선택밖에 없는 듯하다. 세상과 단절하여 고립되어 살든가, 여건이 허락된다면 아이를 자퇴시켜 집에서 세심하게 교육을 하는 것이다. 세계 곳곳에서 청중이자 고객, 소비자의 특징인 훈련된 순응이 인간의 내면을 걷잡을 수 없이 잠식한다. 인간 행동의 급격한 표준화가 빠른 속도로 이루어지는 것이다.

이제는 전 세계 공동체의 대부분이 한 가지 근본적 물음을 마주하고 있다는 게 분명해지고 있다. 점점 더 의존으로 치닫도록 조건 지어진 군중 속에서 하나의 익명으로 살 것인가? (그렇게 되면 너도나도 중독의 습관을 채울 약을 쟁탈하기 위해 야만적인 전투를 해야 할 것이다) 아니면 이 두려움의 끝에 매달린 한 줌의 용기를 찾아 나설 것인가? 즉 눈앞에 번뜩이는 출구 앞에 침착하게 멈춰 서서 다른 길이 있는지 돌아볼 것인가? 그러나 볼리비아인이건 캐나다인이건 헝가리인이건 이 세계를 사는 사람이면 누구나 근본적으로 동일한 선택에 처했다고 말하면, 대부분의 사람이 처음에는 불쾌해하다가 끝내는 화를 터뜨린다. 그런 생각은 엉뚱할 뿐만 아니라 충격적이라고 말한다. 그들은 남아메리카 인디언의 배고픔이나 서유럽 노동자의 우울증, 동유럽 관료의 냉소적인 부패의 이면에 놓여 있는 현대의 이 쓰라린 타락이 모두 같은 것이라는 사실을 깨닫지 못하기 때문이다.

상품에 더 의존할 것인가, 덜 의존할 것인가

경제 발전은 어떤 사회에서건 동일한 효과를 불러온다. 세계 어디서나 사람들은 똑같은 공장과 기계, 병원과 방송국, 정책기관에서 흘러나오는 상품에 의존할 수밖에 없는 낯선 올가미에 걸려들었다. 이 의존성을 채우기 위해 똑같은 것들이 더 많이 생산된다. 즉 상품은 표준화되고 가공되며, 미래의 소비자가 그 물건을 받는 대로 자신에게 필요한 것으로 느끼도록 전문가들이 훈련시킬 수 있게 디자인된다. 이 생산물은 손으로 만질 수 있는 재화든, 만질 수 없는 서비스든 산업사회의 필수품을 구성한다. 이 상품에 화폐가치를 얼마나 귀속시킬지는 국가와 시장이 나름의 비율로 결정한다. 그리하여 지금까지 내려온 다양한 문화는 전통적 행동 양식이 씻겨나간 찌꺼기가 되어 전 세계적 규모의 황무지로 쓸려 내려간다. 이 세계는 생산과 소비를 위해 생겨난 기계가 황폐화시킨 불모지가 되었다.

센 강과 니제르 강둑에 사는 주민들은 소를 기르면서 젖을 짜는 법을 잃어버렸다. 그 하얀 물질이 이제는 식료품점에서 나오기 때문이다. (엄격히 규정된 소비자보호법규 때문에 말리보다 프랑스 우유가 더 안전하다) 실제로 갈수록 더 많은 아이들이 소의 젖을 먹는다. 부자나 가난한 이나 인간의 젖가슴은 말라버린다. 아이가 우유를 달라며 울음을 터뜨릴 때, 아이의 신체기관이 식료품점에 진열된 우유병에 닿기 위해 길들여지고 제 기능을 포기한 인간의 젖가슴에서 등을 돌릴 때, 또 한 명의 중독된 소비자가 탄생한다. 그리하여 인간이 자신의 세계를 꽃피우는 데 필요한 자율적이고 창조적인 행동은 퇴화한다. 판자나 짚, 기와나 석판으로 올렸던 지붕은 사라지고 이제 소수의 부자는 콘크리트로, 대다수 가난한 이는 플라스틱을 주워 지붕을 만든다. 정글의 늪에서 살아가는 가난한 사람도, 사회주의를 신봉하는 이론가도 하나같이 부자들의 고속도로로 몰려간다. 이 고속도로는 한때 성직자가 차지했던 자리에 지금은 경제학자가 들어앉은 세상으로 데려가는 길이다. 각 나라의 은행들은 지역마다 보존되어온 보물과 문화유산 위에 화폐를 찍어 내린다. 돈은 측정될 수 없는 것이면 무엇이든 평가 절하한다. 위기는 이렇게 상품에 더 의존할 것인가, 아니면 **덜** 의존할 것인가에 대한 선택으로 모두에게 똑같이 다가온다. 상품에 **더** 의존한다는 것은 자급 활동을 이끄는 규범을 결정해온 문화가 급속히 파괴되다가 완전히 사라지는 것을 의미한다. 상품에 덜 의존하는 것은 인간의 행동을 장려하여 다양한 사용가치를 꽃피우는 현대의 문화가 생겨나는 것을 의미한다. 정신병원과 이름만 다를 뿐 똑같은 구조인 슈퍼마켓 안에서 살아가는 데 이미 익숙해진 사람은 상상하기 어렵겠지만, 부자나 가난한 사람이나 선택은 본질적으로 동일하다.

현재의 산업사회에서는 삶이 상품을 중심으로 이루어진다. 우리가 사는 시장 의존 사회에서는 생산된 상품의 양과 종류로 물질의 진보를 측정한다. 사회의 진보도 물질의 진보를 재는 잣대를 가져다가 측정한다. 즉 상품에 대한 기회가 얼마나 공정하게 분배되는지가 사회 진보에 대한 척도이다. 경제학은 대량 상품 생산자들이 사회의 지배권을 갖도록 옹호하는 선동으로 발전되었다. 사회주의는 제대로 기능을 못하는 분배구조에 반대하는 투쟁으로 변질했다. 복지경제학은 공공의 이로움과 물질의 풍요를 구별하지 못한다. 이들이 말하는 풍요는 미국과 유럽의 학교와 보건소, 감옥과 구호소를 떠도는 가난한 사람에게 굴욕감을 주는 풍요이다.

가격표가 붙지 않는 거래는 모조리 무시하는 산업사회는 인간이 적응할 수 없는 도시의 풍경을 만들었다. 매일매일 자신의 몸을 자동차와 전철에 가두고 자기 몸을 스스로 갉아먹지 않으면 적응할 수 없는 곳이 이 도시의 풍경이다. 이곳에서는 날마다 쏟아지는 물건과 명령이 내가 원치 않는 결과를 만들고, 그때마다 나를 지키고 싶은 마음이 들수록 차별과 무기력, 절망의 골이 더 깊어지는 세계이다. 주류 환경운동은 이런 추세를 더 부추겼다. 그들은 산업 기술에 있는 결함이나 기껏해야 기업이 생산과정에서 저지른 착취에 주목했다. 그들이 문제 삼은 것은 자연자원의 고갈이나 환경오염으로 인한 생활 불편, 그리고 최종적 권력 이양이었다. 자연환경에 가한 충격이나 사회적 불편의 부정 가치, 그리고 양극화의 비용은 가격표를 붙여 계산하면서도 아직 분명히 보지 못하는 것이 있다. 노동이 분업화되고 다양한 상품이 늘어나면서 사람이 상품에 크게 의존하고 지금까지 자기 손으로 만들거나 직접 해왔던 거의 모든 것이 송두리째 표준 상품으로 대체되는 현상을 아직도 분명히 인식하지 못한다.

지난 20년간 해마다 약 50종의 언어가 사라졌다. 1950년, 아직까지 사용되는 언어의 절반은 학자들의 논문 주제가 되었기 때문에 살아남을 수 있었다. 하지만 언어마다 해왔던 저마다의 뚜렷한 역할은 남아서, 인간이 세상을 바라보고 느끼고 즐기는 방식이 서로 비할 데 없이 다양하다는 것을 알 수 있다. 요즘에는 말이 점점 비슷하게 들린다. 세계 어디서나 인간의 의식이 수입 상표의 식민지가 되었다. 그럼에도 문화와 유전자 다양성이 사라지고, 동위원소가 끼치는 장기적인 결과를 우려하는 사람조차 나라마다 고유한 공예와 전설, 인간의 감각이 돌이킬 수 없이 사라지는 것에는 거의 주의를 기울이지 않는다. 다른 사안이라면 격렬하게 반대했을 정파와 정권들도 시장가치가 없는 것이면 아무리 쓸모가 있어도 상품과 서비스로 교체해야 한다는 점에서는 서로가 일치하는 목표가 되었다.

삶의 몰수

이런 식으로 우리의 삶은 역사상 그 어느 때보다 많은 부분이 변질되었다. 이제는 삶 그 자체가 세계 시장에서 유통되는 상품 소비에 전적으로 의존하는 것이 되었다. 국민들에게 최대한 많은 식량을 조달하는 능력으로 취약한 정권의 정통성을 세우려는 정부들이 전 세계에 존재한다. 미국 정부는 이들에게 농산물을 공급해주어 결과적으로 자국 농민을 타락시킨다. 물론, 미국과 이들 정권은 서로 다른 방식으로 자원을 배분한다. 한쪽에서는 가격의 현명함으로, 다른 한쪽에서는 통치자의 현명함으로 배분한다. 양쪽 지지자가 서로의 배분 방식을 두고 정치적 격돌을 벌이면서 그들 정파와 정당이 모두 개인의 위엄과 자유를 가혹하게 짓밟는다는 사실은 숨겨진다.

에너지 정책은 산업사회에서 자칭 사회주의자와 소위 자본주의 지지자의 세계관이 본질적으로 얼마나 일치하는지를 보여주는 좋은 본보기다. 아마도 내게 정보가 없는 캄보디아를 제외하고 전 세계 어떤 정부의 고위 관료나 사회주의자도 그들이 원하는 구상을 실현할 수 없을 것이다. 미래에는 지금 유럽에서 보편이 된 1인당 에너지 소비량에 훨씬 못 미치는 에너지에 기반을 둬야 하기 때문이다. 중국 공산당의 강령을 제외하면, 현존하는 모든 정당이 에너지를 가능한 한 많이 쏟아 생산력을 높여야 한다고 강조한다. 하지만 그렇게 만들어진 사회에서는 사람들이 지금보다 자신의 손과 발을 자유롭게 쓰지 못하리라는 것을 그들은 이해하지 못한다. 지금 한쪽에서는 자동차가, 다른 한쪽에서는 버스가 도로 위에서 자전거를 몰아낸다. 전 세계 모든 정부가 한결같이 고용 창출을 강조하지만, 직업이 또한 자유 시간의 사용가치를 파괴한다는 사실은 인정하지 않는다. 그들은 모두 사람의 필요에 관해서는 객관적이고 완벽하게 전문적 정의를 내리려 하지만 그로 인해 삶이 몰수되는 것에는 관심이 없다.

중세 후기에 천동설은 놀라우리만큼 단순하여 새로운 천문학의 신뢰도를 의심하고 그 불완전성을 입증하는 이론으로 쓰였다. 천문학이 이론적으로 완벽해 보인다는 것은 우주에 관한 무지를 드러낼 뿐이었다. 현대의 경제학에서도 제도권 경제가 만들어낸 사회적 비용을 사용가치 중심으로 분석하는 이론이 결코 적지 않다. 이미 제도권 밖에서 수많은 사람이 이 이론들을 제기하고 있다. 그들은 자신의 정체성을 '급진 기술', '생태', '공동체적 삶의 양식', '작은 것', 또는 '아름다움' 등으로 설명하고 있다. 하지만 이 실험들은 실제 생활에서 곧잘 실패하기 때문에, 이 이론에 관심을 두지 않는 빌미가 되고 반대하는 논리로 과장된다. 중세 시대 그 유명했던 관측자들도 갈릴레오의 망원경으로 천체를 보지 않으려 했던 것처럼, 현대의 경제학자들도 그들 경제 이론의 중심을 바꿀지 모를 이 분석을 쳐다보려 하지 않는다. 하지만 새로운 분석 이론 덕분에 우리는 명확한 진실을 깨닫게 된다. 어떤 문화든지 교환될 수 없는 사용가치가 반드시 그 중심을 차지해야 한다는 것이다. 그래야 구성원 대다수에게 만족스러운 삶을 위한 규범을 줄 수 있다. 산업사회는 이 중심을 허물어버린다. 문화란 인간이 행위를 하기 위한 규범이지 기업이 물건을 생산하기 위한 규범이 아니다. 하지만 산업사회에서는 민간기업이든 국영기업이든 가격으로 측정되는 생산물로 문화의 중심을 오염시키고, 인간이 스스로 행동하고 만드는 능력을 감퇴시킨다. 결과적으로 이 사회는 거대한 제로섬 게임으로 바뀌었다. 이 단일한 상품 운송체계에서는 한쪽에서 무언가를 얻는 사람이 있으면, 다른 한쪽에서는 무언가를 잃고 부담을 짊어지는 사람이 생겨난다. 하지만 양쪽 모두 진정한 만족을 느끼지 못한다.

그동안 사람들이 어려움에 맞서고, 놀고, 먹고, 우정과 사랑을 나눌 수 있었던 기본 토대가 셀 수 없이 허물어졌다. 지난 십년간 소위 개발의 시대는 만주에서 몬테네그로에 이르기까지 전통적 문화 양식을 차례로 허물 만큼 위력적이었다. 개발의 시대 이전까지 사람들은 자립적 양식으로 자신의 욕구를 대부분 충족하며 살았다. 개발이 쓸고 간 자리에는 도자기 대신 플라스틱이, 물 대신에 탄산음료가, 카모마일 대신에 신경 안정제가, 기타 대신에 음반이 들어왔다. 인류 역사에서 그 시대가 얼마나 고통스러웠는지 가늠하는 가장 정확한 척도는 먹는 음식 중 사서 먹는 음식이 차지하는 비중이다.

태평성대에는 집집이 직접 농사지은 곡식으로, 어려울 때 도움을 주는 이웃이 나눠준 음식으로 영양소를 섭취했다. 18세기 후반까지 유럽에서 식량의 99퍼센트는 교회의 탑이나 사원의 첨탑에서 내다보이는 지평선 안에서 경작되었다. 당시 성곽 안에서 기를 수 있는 닭과 돼지의 숫자를 규제한 법령을 보면 대도시 몇 개를 제외하고 사람이 먹는 음식의 반 이상이 도시 안에서 경작되었다는 걸 알 수 있다.

2차 세계대전 전까지 외국에서 운송되어 온 음식은 4퍼센트가 안 되었다. 수입 음식의 대부분도 인구 200만 이상이 거주하는 대도시 일곱 군데에 국한되었다. 오늘날 전 세계 인구의 40 퍼센트는 오로지 다국적 마트 덕분에 생존한다. 현대 사회에서 언젠가는 능동적인 사람들이 공생의 도구를 사용해 사용가치를 풍부하게 창조해내 스스로 소비로부터 해방될 것이라는 예언은 조심스럽다. 미래의 세계 시장에서는 자본과 상품이 심각하게 부족할 것이라는 사실 역시 아직은 말할 수 없는 금기이다. 지금까지 살펴본 흐름에는 사람이 필요를 표현하고 만족하게 하는 유용한 활동을 표준 상품과 서비스로 무한히 대체할 수 있다는 신념이 고스란히 드러나 있다.

가난의 현대화

상품이 어느 한계점을 지나 기하급수적으로 생산되면 사람은 무력해진다. 자기 손으로 농사를 지을 수도, 노래를 부를 수도, 집을 지을 힘도 없게 되는 무기력이다. 땀을 흘려야 기쁨을 얻는 인간의 조건이 소수 부자만 누리는 사치스러운 특권이 된다. 케네디 대통령이 '진보를 위한 동맹the Alliance for Progress'을 출범하기 전까지 멕시코의 다른 작은 마을처럼 아카칭고 마을에도 네 개의 악단이 마을 잔치에서 악기를 연주하며 800여 명의 이웃을 즐겁게 했다. 요즘에는 레코드와 라디오가 확성기로 울려퍼지면서 지역의 예인들이 사라지고 있다. 이제 주민들은 그 옛날의 향수를 불러일으키려고 이따금 특별한 행사를 열어 대학

밴드가 부르는 추억의 노래를 듣는다. 베네수엘라 정부가 마치 상품처럼 국민이 '주택'을 가질 권리를 법으로 선포한 날, 그동안 국민의 4분의 3이 자기 손으로 만들어온 집이 하루아침에 마구간 취급을 받게 되었다. 더 심각한 문제는 자가 건축을 바라보는 사회적 편견이 생겨난 것이다. 자격증 있는 건축가가 그린 설계도를 제출하지 않으면 합법적으로 집을 지을 수 없게 되었다. 이전까지만 해도 카라카스 시에서는 쓰레기가 최고의 건축 재료로 재활용되었지만, 이때부터는 고형폐기물이 되어 처리하기 어려운 골칫거리가 되었다. 자기 손으로 집을 짓겠다는 사람은 유별난 사람이라고 손가락질 받게 되었다. 그런 사람은 대량 생산된 건축 자재를 공급하는 지역의 이해 단체와 협력을 거부하는 사람이기 때문이다. 또한, 수많은 법 조항이 생겨나 그의 독창성은 오히려 불법으로 규정되고 범죄행위라는 딱지가 붙는다.

이런 사례를 통해 우리는 새로운 상품이 생겨나 전통적인 자급 기술이 쓸모없어질 때 가장 먼저 고통받는 사람은 가난한 사람들이라는 걸 알 수 있다. 직업도 없는 가난한 사람이 **고용되지 않은 상태로 할 수 있는 의미 있는 일**은 노동시장이 확장되면서 없어져 버렸다. 직장 밖에서도 의미 있는 일을 할 자유가 사라진 것처럼 스스로 선택하는 행위로서 '집을 짓는 일'은 이제 사회 이탈자 아니면 한가한 부자가 누리는 특권이다.

인간을 무력하게 만드는 풍요에 사람들이 중독되고 그것이 문화 속으로 한번 배어들면 '가난의 현대화'가 생겨난다. 현대화된 가난은 상품이 확산하면서 어김없이 발생하는 부정가치의 형태이다. 이는 상품이 대량 생산되어 생겨난 사회적 비효율인데도 경제학자들은 주목하지 않는다. 그들의 도구로는 측정할 수 없기 때문이다. 또 사회적 자원을 '가동하여' 풀 수 있는 문제가 아니므로 사회사업가도 관심을 쏟지 않는다. 경제학자에게는 사회적 규모로 벌어지는 만족감의 상실을 자기들 계산기에 넣을, 쓸 만한 수단이 없다. 시장에는 그에 상응하는 게 없기 때문이다. 사실 현대의 경제학자는 특별한 사교 모임의 회원이라고 볼 수 있다. 이 모임에는 전문적인 일을 추구하기 위해서 동양이든 서양이든 현대 사회의 가장 근본적 거래에 대해 사회적으로 무감하도록 훈련된 사람만이 들어갈 수 있다. 그 근본적 거래란 상품의 풍요가 커질 때마다 치러야 하는 가격으로, 자기 손으로 무언가를 하거나 만드는 개별·개인의 능력 감퇴이다.

'현대화된 가난'이 주요하게 가난한 사람에게 영향을 미칠 때는 실제로 존재하는지도 알아차릴 수 없으며 그 본성 또한 파악하기 어렵다. 일상 대화에서조차 드러나지 않는다. 발전이나 현대화가 가난한 이들에게 다가가면 그때까지만 해도 시장 경제에서 배제되어도 생존할 수 있던 이들은 구매 시스템으로 끌려들어가 물건을 사지 않고는 생존할 수 없게 체계적으로 강요를 당한다. 이제부터 그들은 시장에서 나오는 찌꺼기를 가져다 살 수밖에 없게 된다. 학교라는 곳에 가본 적 없던 멕시코 오악사카 주 인디언이 지금은 졸업장을 '따기' 위해 학교에 끌려간다. 이들에게 졸업장이란 자신들이 도시인보다 얼마나 열등한지를 정확하게 측정해주는 증서이다. 그나마 이 종이 한 장이라도 없으면 도시에 나가 빌딩 청소부 일도 할 수 없다. 정말로 중요한 문제는 이런 것이다. '필요'가 현대화될 때마다 가난에는 새로운 차별이 하나씩 더 붙는다.

물질의 풍요, 인간의 가난

사치품에 빠질 수 있는 몇몇 부자를 제외하고 현대화된 가난은 이제 모두가 겪어야 하는 가난이다. 삶의 단면이 차례대로 가공된 보급품에 기대게 되면서 그때마다 반복되는 무력감에서 헤어나올 수 있는 사람은 거의 없다. 미국의 평균적인 소비자는 하루 평균 100여 개의 광고로 융단 폭격을 맞는다. 그들도 더는 참을 수 없는 지경에 이르렀다. 고급 소비자조차 상품이 새로 나올 때마다 만족스럽지 못한 건 마찬가지다. 물건을 제대로 샀는지 의심할 수밖에 없다. 사자마자 쓸모없거나 심지어 안전하지 않은 상품을 구매하지 않았나 미심쩍어한다. 어쩌면 더 비싼 물건을 사서 보완해야 할지도 모른다. 부유한 소비자들은 품질 관리를 요구하고, 더러는 소비자 운동도 벌인다. 그 반대편 슬럼가에

사는 사람도 그동안 받아온 서비스와 '보살핌'을 버리고 밖으로 빠져나간다. 시카고 남부에서는 사회사업을 거부하고, 켄터키주에서는 교과서를 멀리한다. 돈이 있는 사람이나 없는 사람이나 시장에 집중하는 문화가 끝도 없이 확장되면서 새롭게 출현한 절망의 풍요를 똑똑히 보게 되었다. 부유한 사람은 가난한 사람의 마음속에 비추어진 자신의 불행을 바라본다. 물론 그들 사이의 유사성은 잠깐의 낭만주의 이상으로는 발전하지 못한다.

진보가 물질의 풍요라고 생각하는 이념은 부자 나라에만 있는 것은 아니다. 최근까지도 대부분의 필요를 삶의 자급 양식으로 해결하던 문화가 유지되던 나라에도 이 이념이 들어오자 시장에 팔지 않고 해오던 일들이 하루아침에 변질되기 시작했다. 예를 들어, 마오쩌둥 아래에서 중국은 오랜 전통에서 얻은 영감으로 기술의 진보를 다시 정의하고 제트기 대신 자전거를 채택할 의지와 능력이 있어 보였다. 그들은 국방이 아니라 창의적 인민을 목표로 내걸고 지역마다 자치 결정을 하자고 강조했다. 하지만 1977년 들어, 중국에서는 산업 생산력을 증대해 더 낮은 비용으로 더 많은 인민에게 보건과 교육, 주택과 사회 복지를 제공하자는 구호가 나부꼈다. 맨발의사[1]의 왕진 가방 속에 든 약초나

---

1 과거 중국에서 정규 교육을 받은 의사가 살지 않는 농촌에서는 현지 농부가 최소한의 기본 의료 및 응급처치 교육을 받고 마을 사람들을 돌보게 했는데 이를 적각의생赤脚醫生이라 한다. 농부가 논에서 일하는 모습을 본떠 '맨발의 의사'라는 뜻으로 붙인 이름이다.

노동집약적 생산 도구에는 그저 전술적 역할만 임시로 할당된 것이다. 중국도 다른 나라들처럼 익명의 소비자 집단을 겨냥해 타율적으로 상품을 생산하는 표준화가 진행되었다. 사람들 마음속에는 결국 좌절되고 말 기대감만 커졌다. 게다가 이 과정이 진행되면서 지금까지 자기 자신과 이웃에게 있는 놀라운 자율성에 대한 믿음을 잃게 되었다. 중국은 카고컬트[2]가 아무리 이성을 잃었다 하더라도 저지르지 못했을 과도한 시장 의존으로 전통 사회를 잡아먹은 서구식 근대화의 최근의 예를 대표적으로 보여준다.

두 갈래 길

전통 사회와 현대 사회 모두, 중대한 변화가 순식간에 일어났다. 인간이 필요를 충족하는 수단이 근본적으로 바뀐 것이다. 자동차가 인간의 근육을 위축시키고, 교육이 저절로 차오르던 호기심을 질식시켰다. 그 결과 필요와 욕구 모두에 있어 그 선례가 없는 새로운 특성이 생겨났다. 역사상 최초로 인간에게 필요가 상품과 같은 말이 된 것이다. 가고 싶은 곳이 어디든 대부분 걸어서 가던 시대에 사람들이 제약을 느낄 때는 주로 **자유가 구속**

---

2 a cargo cult. 19세기 후반부터 생겨난 남태평양 지역의 신앙. 선조의 영靈이 백인의 모습으로 되살아나 비행기나 배로 서양의 재화를 가득 싣고 와서 백인들보다 더 풍요로운 생활을 가져다준다는 신앙.

받을 때였다. 지금처럼 어딜 가더라도 교통수단에 의지하는 시대에는 자유가 아니라 승객의 **권리**를 요구한다. 역사상 가장 많은 운송수단이 역사상 가장 많은 사람에게 '권리'를 제공하면서 걸을 수 있는 자유는 무시되고 수많은 권리 조항에 가려진다. 평범한 사람의 욕구는 따라가기 마련이다. 사람들은 모두가 누리는 승객이라는 지위에서 벗어날 자유를 상상조차 못 하게 되었다. 이 자유는 현대인이 이 현대 세계에서 자신의 두 발로 걸을 자유이다.

전문가들은 그 본성상 일반인과 공유될 수 없는 그들의 전문지식을 가지고 필요와 시장이 뗄 수 없게 결합된 이 상황을 정당화한다. 극좌 선동가도 극우 경제학자도 일자리를 늘리기 위해서는 에너지가 더 필요하다고 대중을 선동한다. 교육자는 법과 질서를 확립하고 생산성을 높이려면 지식을 더 습득해야 한다고 가르친다. 산부인과 의사는 건강한 아이를 낳고 싶으면 자신들이 더 개입해야 한다고 주장한다. 따라서 상품과 욕구 사이의 관계를 정당화하는 전문가에게 씌워진 면죄부를 벗겨내지 않는 한, 세계 경제에서 보편적으로 확산되는 시장 의존을 효과적으로 비판할 수 없을 것이다. 병원에서 셋째 아이를 출산한 경험을 내게 들려준 여인을 통해 지금의 상황이 어떤 것인지 잘 알 수 있다. 이 여인은 이미 두 아이를 낳은 경험이 있기 때문에 출산을 앞두고도 그다지 두려움이 없었다. 어느 날 병원에 누워 있을 때 태아가 나오는 걸 느꼈다. 간호사를 부르자 침대로 오지 않고 어디론가 급히 달려갔다. 간호사는 살균 수건을 가져오더니 아기의 머리를 자궁 속으로 억지로 밀어 넣으며 산모에게 힘을 주지 말라고 말했다. 왜냐하면 "레비 박사님께서 아직 오시지 않았기" 때문이다.

지금은 전문가의 관리가 아니라 대중의 결단과 정치 행동이 필요한 때다. 현대 사회에서는 부유한 사람이든 가난한 사람이든 서로 다른 두 개의 길 가운데 하나를 선택할 수밖에 없다. 첫째는 좀 더 안전하고 좀 더 값싸고 좀 더 쉽게 공급할 수 있는 상품을 개발하는 길이다. 그래서 그 상품에 더 의존하는 길이다. 또 다른 길은 지금까지와는 전혀 다른 눈으로 필요와 만족 사이의 관계에 접근하는 것이다. 다시 말해 이 선택은 생산물의 외양만 바꿔서 시장 의존 경제를 그대로 가져갈 것인가, 아니면 상품에 대한 의존 그 자체를 낮출 것인가이다. 두 번째 길로 간다면 개인과 공동체 모두 현대에 적합한 도구를 새로 만들기 위해 사회 구조를 다시 상상하고 설계하는 모험이 뒤따를 것이다. 그 대신 사람들이 자신의 필요를 직접 만족시키는 비율은 더 늘어날 것이다.

앞에서 말한 첫째 방향은 상품이 최대한 많아지는 게 곧 기술의 진보라는 최근의 추세를 대변한다. 정부 관료나 복지 기술자, 국민의 평등을 강조하는 이들이 한목소리로 긴축경제를 외친다. 이들이 말하는 긴축경제란 제트기 대신 버스를 더 많이 만들자는 것이다. 즉 애초부터 골고루 분배하기 어려운 상품이 아니라 소위 '사회적' 상품을 더 많이 만들자는 이야기이다. 노동시간을 모두에게 평등하게 분배하기 위해 주당 노동시간을 과감히 20시간으로 줄이자는 것이다. 마오쩌둥이 그랬던 것처럼, 카스트로와 케네디도 그랬던 것처럼 실업자를 재교육하고 공공사업을 더 많이 벌이자는 것이다. 산업사회는 사회주의를 내세우건 합리성과 효율성을 강조하건 이미 문화는 새로운 상태로 들어섰다. 인간이 욕구를 만족시킨다는 게 상품에 귀속된 필요를 반복적으로 해소하는 것으로 타락한 것이다. 그래서 이러한 대안은 기껏해야 상품을 조금 덜 생산하고, 분배를 좀 더 공정하게 하고, 이기심을 조금 덜 생기게 할 뿐이다. 한 사회에서 필요한 게 무엇인지를 결정하는 일에 대중을 상징적으로 참여시키는 결정권이 시장의 화폐에서 국회의 정치가에게 이전될 뿐이다. 이렇게 되면 산업 생산으로 환경에 가해지는 충격은 약해질지 모른다. 하지만 상품 중에서도 서비스, 특히 사회적 관리라는 서비스는 재화가 생산되는 양보다 훨씬 증가할 것이 분명하다. 이 선택을 떠받치는 '대안적' 시나리오를 쏟아내도록 현대의 예언자인 정부 관료들은 이미 엄청난 예산을 이 예언 산업에 쏟아부었다. 흥미롭게도 그들 중 상당수는 긴축경제가 생태적으로는 가능하지만 동시에 산업 생산이 중심이 되도록 사회를 통제하는 데 드는 비용을 감당할 수는 없다고 결론을 내린 상태다.

상품 의존도를 낮추는 두 번째 길은 시장이 절대적으로 지배하는 이 시대의 막을 내리는 길이다. 사회적으로 절제의 윤리를 키워 인간이 스스로 행동하고 이를 통해 필요를 만족시키는 시대를 여는 길이다. 앞서 말한 '긴축경제'에서 긴축은 제도적으로 생산성을 높이고 그것을 개인이 받아들이도록 선포한 법령이다. 지금부터 이야기하려는 절제는 대중이 자신과 이웃의 만족을 위해서, 권력이 생산하는 상품의 최대 생산량을 파악하고 제한하는 사회적 차원의 미덕을 의미한다. 이러한 공생의 절제는 한 사회로 하여금 인간을 무력화하는 풍요로부터 개인의 사용가치를 보호하도록 영감을 불어넣는다. 그러한 사회적 보호 아래에서라면 비로소 현대적 도구 사용의 확산을 강조하는, 특색 있는 문화들이 다양하게 싹틀 수 있을 것이다. 함께하는 절제는 어떤 도구든 과다한 사용을 절제하기 때문에 도구의 소유자라 해도 권력을 함부로 쓸 수 없게 된다. 자전거를 공동으로 소유하든 개인이 소유하든 본질적으로 도구로서 자전거에 깃들어 있는 공생의 속성은 변하지 않는다.

이 새로운 사회에서는 자전거 같은 상품이 여전히 산업 방식으로 대량 생산되어도 이전과는 전혀 다르게 보일 것이며 다르게 평가될 것이다. 지금까지 상품은 설계자가 만든 필요를 충족하는 것이었다. 두 번째 선택에서 상품은 마치 천연자원이나 도구처럼 사람들이 저마다 속한 공동체가 자립하도록 사용가치를 만드는 데 쓰일 것이다. 하지만 이 길로 가기 위해서는 가치를 바라보는 태도에 코페르니쿠스적 전환이 있어야 한다. 현대 경제의 중심에는 일반 소비재와 전문적 서비스가 있다. 전문가는 인간의 모든 필요가 오로지 이 중심으로 연결되게 한다. 반대로, 지금 살펴본 사회적 개입을 통해서는 사람이 스스로 창조하고 평가하는 사용가치가 경제의 중심에 들어서게 된다. 최근 들어 사람들 속에서는 자신이 바라는 것을 스스로 만들 수 있다는 자신감이 사라지고 있는 게 사실이다. 스스로 무언가를 해보려는 이들은 세계 어디서나 부당한 차별에 부딪히기 때문이다. 이 차별 탓에 목표를 세우고 필요한 걸 결정하는 자신감을 빼앗겼다. 그러나 이러한 차별 때문에 또한 암암리에 이루어지는 박탈에 분노하는 소수의 사람이 점점 늘고 있다.

2

전문가의 제국

거대 기술이 그동안 개인과 집단의 자율성을 길러주던 환경과 조건을 체계적으로 몰수하면서, 이들 소수 집단은 자신들이 땅에 뿌리박고 살아온 문화적 삶이 위협당하는 것을 지켜보고 있다. 이제 그들은 자신의 육체와 기억, 그리고 기술이 다시는 쓸모없는 것이 되지 않도록 맞서 싸우겠다고 침묵의 결심을 한다. 상품에 귀속되는 필요가 급속히 증가하여 전에는 볼 수 없던 새로운 종류의 의존과 새로운 범주의 현대화된 가난이 생겨나면서, 오늘의 산업사회는 제도적으로 낙인찍힌 다수의 사람이 상호 의존하면서 거대한 덩어리들로 뭉치는 특징을 보이고 있다. 교통수단으로 두 다리가 쓸모없게 되고, 정신없는 일과에 쫓기다가 밤에는 불면증에 시달리고, 호르몬요법에 중독되고, 시끄러운 미디어에 침묵을 강요당하고, 불량 음식으로 아파하던 이 거대한 대중 속에서 몇몇이 행동을 조직하며 소수 집단을 이룬다. 그들은 이제 막 성장하여 반역을 일으키기 위해 뭉치기 시작했다. 그들은 한 시대를 끝장낼 각오가 되어 있다.

그러나 한 시대를 날려 보내려면 그 시대를 관통하는 이름이 필요하다. 나는 이 20세기 중반을 '인간을 불구로 만든 전문가의 시대'로 부르자고 제안한다. 이 명칭을 선택한 이유는 이 말을 쓰는 사람을 꼼짝 못하게 몰아넣기 때문이다. 이 명칭은 교육자, 의사, 사회사업가, 과학자 등 서비스 제공자들이 그동안 아무런 지탄도 받지 않고 해온 반사회적 기능을 드러낸다. 동시에 이 이름은 지금까지 그들의 고객이 되어 자신을 갖가지 구속에 가두고 살아온 시민의 안일함을 고발한다.

인간을 불구로 만드는 전문가의 시대

전문가 권력이 인간을 무력하게 만든다고 말하면, 그들의 희생자는 부끄러움을 느끼고 평생을 학생으로, 환자로, 소비자로 살도록 관리자와 공모한 사람이 바로 자신이었다는 걸 깨닫게 된다. 60년대를 '문제 해결사'들이 모두의 위에 섰던 시대라고 말하면, 대중을 기만했던 학계 엘리트의 오만한 속임수와 함께 그들에게 희생된 대중의 어리석은 탐욕이 동시에 드러날 것이다.

이런 식으로 사회적 상상과 문화적 가치를 생성하는 사람들에게 초점을 맞추면 단순한 고발과 비판을 넘어설 수 있다. 즉 지난 25년을 전문가 지배의 시대라 지칭할 때 하나의 전략이 나온다. 사람들은 낭비적이고, 비합리적이며, 인간을 마비시키는 상품을 재분배하는 전문가를 넘어설 필요성을 느끼게 되는 것이다. 이러한 상품은 오늘날 똑똑한 사람이라면 다들 통념으로 받아들이는 진보적 전문성의 상징이다. 이 전략은 다름 아닌 전문성이라고 하는 것의 허울을 벗겨내는 것이다. 과학자든 치료사든 행정가든 전문가가 대중으로부터 받는 신뢰가 산업 시스템의 아킬레스건이다.

그러므로 인간을 불구로 만드는 전문가가 교묘하게 지배하는 상황에 정면으로 맞서는 시민 주도의 급진 기술만이, 위계질서가 아니라 공동체를 기반으로 살아갈 능력을 발휘하는 자유의 길을 열어젖힐 것이다. 현재의 전문성이 소멸할 때 인간의 필요와 도구, 만족 사이에 새로운 관계가 출현할 수 있다. 그 첫걸음은 직업적 전문가에게 보내던 존경을 버리고 의심을 던지는 것이다. 시민들 사이에서 회의가 싹트기 시작할 때 사회의 재건도 시작된다.

전문가 권력을 분석하는 것이 사회를 다시 세우는 열쇠라고 제안할 때마다 나는 그런 현상을 산업사회로부터 회복되기 위한 핵심 요소로 삼는 건 위험한 오류라는 말을 들어왔다. 그러나 자본가 엘리트가 권력과 특권을 실질적으로 배분하면서 그것이 그대로 드러난 모습이 교육계, 의학계, 그리고 정책기관이지 않은가? 가난한 사람이 학교와 병원, 그리고 전문가의 도움을 얻기 위해 훈련된 보호자를 필요로 하는 바로 그 순간, 서민들이 과학적으로 육성된 교사, 의사, 경제학자에 대한 신뢰를 저버리게 하는 일은 무책임한 짓이지 않은가? 산업사회를 고발하려면 의약 회사 주주가 벌어들이는 수익이나 현대의 엘리트에 속하는 정치 브로커가 가져가는 특혜를 밝혀내야 하지 않겠는가? 미국이나 쿠바의 예에서 보듯 고객과 전문가가 점점 같은 계급에서 나오는 추세인데도 양쪽의 상호 협력은 왜 망가지는가? 행복을 위해 우리에게 필요한 게 무엇인지를 찾고 그것을 실현하기 위해 힘들게 지식을 쌓아온 사람들을 멸시하는 일은 그릇된 일이지 않은가? 평등주의 사회에서 대중의 '진정한' 필요를 정의하고 충족시켜야 하는 당면 과업을 수행하는 데 있어 가장 유능한 지도자로 뽑혀야 할 사람은 급진적 사회주의 전문가들이지 않은가?

이 질문에 답변해야 하는 사람들은 오히려 자신들의 논리를 앞세워, 서비스에 초점을 맞춘 산업 복지 시스템이 인간을 무력하게 만드는 데 어떤 영향을 미치는지 대중이 분석하지 못하도록 방해하고, 불신하게 한다. 그 영향이 어떤 정치 체제에서 작용하든 상관없이 똑같으며 이를 피할 수는 없다. 사람들이 법률과 환경, 사회에서 일어난 변화를 거쳐 강제로 '보살핌'의 소비자가 되고 자율성을 빼앗기는 것이다.

앞에서 던졌던 반어적 질문을 통해 알 수 있듯, 엘리트들은 수입을 잃을까 봐 광적인 방어를 하지만, 시장 의존 사회가 새로운 형태로 바뀌고 서비스가 좀 더 많은 사람에게 두루 배분되면 분명히 권력과 지위를 회복할 것이다.

산업 발전에는 한 번도 평화의 시기가 없었다

전문가 권력을 비판하는 것에 가장 강력하게 반발하는 이들은 악마를 내쫓기 위해 바알세불[1]을 불러들인다. 그들은 군수산업이 관료적 산업사회의 중심에 있기 때문에 이를 주요 분석 대상으로 삼아야 한다고 말한다. 이들은 한발 더 나아가 국가안보가 현대에 일반화된 통제 뒤에서 시장 의존 훈련을 지휘하는 원동력이라고 주장한다. 이들의 주장에 따르면, 필요를 생산하는 주요 세력으로 보는 군대 조직은 루이 14세 때 라슐리에가 최초로 설립한 직업 경찰을 모태로 발전되었다. 현대에 들어 군대가 맡고 있는 군수, 정보, 선전 등은 2차 대전 이후 소위 서비스로 불리며 각종 조사 연구, 기획 그리고 고용 분야의 결정적 요소가 되었다. 이 서비스를 지금은 여러 민간기관이 대행한다. 학생들의 훈육을 담당하는 학교 교육, 낭비를 즐기고 폭력적 속도에 익

---

1 Beelzebul. 히브리어로 '파리 떼의 왕'이라는 뜻. 신약성서에서 바알세불은 '귀신들의 왕'인 사탄이라는 의미를 가지게 되었다.

숙해지도록 하는 소비자 훈련, 수용소로 변해버린 이 세계에서 생명을 지키기 위한 의료공학, 자애로운 병참장교가 배포하는 의제에 대한 표준화된 의존 등이 그러한 민간기관이 수행하는 역할이다. 이 주장의 밑바탕에는 국가안보가 한 사회의 생산 양식을 만들어내며, 민간 경제의 상당 부분이 군대의 부산물이거나 그 바탕 위에서 이루어진다는 생각이 깔려 있다.

이런 생각을 중심으로 전개되는 주장이 타당하다면, 원자력이 에너지를 게걸스레 먹어치우는 하마처럼 아무리 유해하고 억압적이며 반생산적이라 해도 이런 사회에서 원자력을 포기하겠는가? 군대가 지배하는 사회라면 불만 세력이 자신의 이웃들을 소비에서 빼내고 조직하여 소규모 사용가치 중심의 생산방식으로 일할 자유를 요구하도록 그냥 내버려 두겠는가? 그런 생산방식은 서로가 만족스럽고 즐거운 절제를 해야 가능하다. 병영 국가라면 시장 이탈자가 생겨나는 즉시 반역자로 낙인찍고, 어떤 수단을 동원해서라도 온 사회가 그들을 비난하고 비웃도록 몰아가지 않겠는가? 게다가 지금처럼 마오쩌둥을 연상시키는 상품 생산의 분산화를 요구하고, 합리적이며 공정한 소비를 위한 전문적 감독을 요구하는 시점에 군수 산업으로 돌아가는 사회라면 비폭력적 현대화로 가는 사례들이 생길 때마다 이를 짓밟아야 하지 않을까?

이러한 주장은 군사력이 산업국가에서 일어나는 폭력의 원천이라고 적절치 않은 책임을 씌운다. 군사적 필요 때문에 선진 산업사회에서 공격성과 파괴성이 생겨난다는 주장은 환상이다. 그러므로 벗겨져야만 한다. 군사력이 산업 시스템을 강탈한 것이 사실이라면, 시민의 손을 비틀어 사회적 노력과 행동의 다양한 영역을 찬탈했다면, 현대의 군사화된 정치는 돌아갈 수 없는 다리를 건넌 것이다. 즉 시민이 무언가 개혁을 할 여지는 남아 있지 않은 것이다. 사실 이 주장은 브라질 군대의 고위 장성들이 머리를 짜내어 만든 것이다. 그들은 군대만이 이 세기의 남은 기간 평화 시의 산업사회를 이끌 자격이 있는 교사로 보았다.

그러나 한마디로 이 주장은 진실이 아니다. 현대의 산업 국가는 군대가 만들어낸 생산물이 아니다. 오히려 군대는 산업사회의 총체적이고 일관된 성향에서 나온 증상의 하나이다. 현대 산업사회를 움직이는 주요 조직의 기원이 나폴레옹 시대의 군사 조직에 있다는 것은 사실이다. 대부분의 산업 표준화뿐 아니라, 1830년대 농촌 아이들에게 시행한 의무교육, 1850년대 산업 프롤레타리아트에 적용한 국민보건, 1860년대 보급된 전신전화 시설, 이 모든 것이 처음에는 군사적 필요로 산업사회가 도입한 전략이었다. 시간이 흐르면서 점차 시민의 진보이며 평화의 도구라는 권위를 갖게 되었다. 그러나 보건, 교육 그리고 복지 같은 **시스템**을 법으로 제정하기 위해 군사적 근거가 필요했다고 해서, 그 시스템들이 곧 한 번도 비폭력적인 적도, 평화로웠던 적도, 민중을 존중했던 적도 없이 진행된 산업 발전의 주요 동력과 일치하지 않는다는 의미는 아니다.

오늘날에는 그런 통찰을 얻는 게 더 쉬워졌다. 그 이유는 첫째, 냉전 이후 전시 군대와 평화 시 군대를 구별하는 것이 불가능해졌기 때문이다. 둘째는 빈곤에 대한 전쟁 이후 평화는 전쟁의 길로 들어섰기 때문이다. 오늘의 산업사회 국가들은 일상적으로 사회 전체를 동원한다. 산업사회는 언제나 비상사태를 위해 대기한다. 사회의 모든 분야가 다양한 전략의 변종들로 조준된다. 보건, 교육, 복지, 평등 정책은 전쟁터가 되었다. 희생자가 즐비하고 폐허로 뒤덮였다. 시민의 자유는 늘 유보된다. 끝없이 출몰하는 악에 맞서 싸워야 하기 때문이다. 매년 최전방에 버려진 사람이 새로 발견되었다는 소식이 들린다. 이들은 새로 생긴 질병이거나 이전에 몰랐다가 새로 밝혀진 질병 때문에 보호받고 치료되어야 하는 사람이다. 모든 전문기관이 이 악마에 맞서 방어하기 위해 '기본적 필요'를 만들고 상품에 끼워 넣는다.

상품에 집중하는 사회에서 드러나는 파괴성을 군대 책임으로 돌리는 교수나 사회과학자는 세련되지 못한 방식으로 자신의 기득권이 침해당하는 것을 막으려는 사람들이다. 그들은 군대가 산업 시스템을 절망과 파멸의 상태로 몰아간다고 주장함으로써, 매일매일 전쟁터로 시민을 내모는 시장 의존 사회의 끔찍하고 파괴적인 본성에 주목하지 못하게 하는 것이다. 성장하는 시민으로부터 전문가의 영향력을 지키려는 사람, 그리고 전문가를 군사 국가의 희생자로 그리기 원하는 사람, 이들 모두에게 해줄 말은 한 가지이다. 어떤 길이든 자유롭게 선택할 시민들은 지금의 전 세계적 위기를 뛰어넘는 길을 가고자 한다고 말이다.

현대의 다른 이름들

전문가가 필요의 결정권자가 되도록 우리 눈을 가렸던 환상은 하나씩 벗겨져 지금은 눈에 보이는 상식이 되었다. 서비스 영역에서 이루어지는 절차는 종종 그 특성 때문에 라이너스[2]의 담요이거나 의례처럼 이해된다. 이 의례 때문에 '제공자–소비자–잡동사니'가 오고 가는 과정을 보지 못하게 되어, 서비스가 추구하는 이상과 서비스가 만든 결과 사이의 차이와 대립이 은폐된다. 평등한 교육을 약속하는 학교는 불평등한 능력주의 사회를 만들고, 평생 교사에게 의존하며 살게 한다. 자동차는 모든 사람이 비행기를 타도록 몰아간다. 하지만 아직 대중은 분명한 선택을 하지 못한다. 전문가가 지휘하는 사업을 따라가다 보면 정치신념을 강요받게 되고(새로운 형태의 파시즘과 함께), 경험 많은 시민들은 우리의 지나친 자신감을 보고 현대의 프로메테우스가

---

2 Linus. 찰스 슐츠의 연작 만화『피너츠』의 등장인물로, 마음의 안정을 위해 항상 담요를 가지고 다닌다.

가져다준 또 하나의 어리석은 역사적 수집물에 불과하다고 깎아내린다. 이 시대에 현명한 선택을 내리기 위해서는 누가, 누구로부터, 무엇을, 왜 갖는지를 결정하는 과정에서 전문가가 무슨 역할을 하는지 구체적으로 파악해야 한다.

현재를 명확히 보기 위해, 미래엔 폐허가 되어 있을 고등학교와 힐튼 호텔, 그리고 병원에서 아이들이 놀고 있을 모습을 상상해보자. 이곳은 한때 우리를 무지와 불편, 고통과 죽음으로부터 보호하겠다며 전문가들이 세운 성이었으며 이후엔 대성당이 된 곳이다. 이곳에서 미래의 아이들은 우리가 겪는 전문가 시대의 망상을 재연할 것이다. 마치 현대인들이 고대의 성과 대성당에서 신앙의 시대에 이슬람의 죄악에 맞서 싸웠던 십자군 전쟁을 재연하듯이 말이다. 미래의 아이들이 쓰는 말에는 현대의 언어를 오염시킨 획일적 유행어와 19세기 후반 미국의 악덕 자본가나 카우보이로부터 물려받은 고어가 뒤섞일 것이다. 다만 아이들은 서로를 추장이나 영주라 부르지 않고, 회장님과 비서라 호칭할 것이다. 아이들의 입에서 나오는 '정책 생산'이니 '사회계획'이니 '솔루션'이니 하는 경영 용어들을 듣고 어른들은 낯이 뜨거워질 것이다.

미래의 역사가는 전문가의 시대를 정치 소멸의 시대라 부를 것이다. 유권자들이 대학교수의 지도를 받으며 자신의 필요를 법률로 제정할 권력과 누가 무엇이 필요한지를 결정할 권한, 그리고 그 필요를 충족하는 수단에 대한 독점권을 기술관료에게 위임한 시대라고 말할 것이다. 이 시대는 학교의 시대로 기억될 것이다. 인생의 3분의 1은 무엇을 처방받아야 할지 배우고, 나머지 3분의 2는 자신의 습관을 관리하는 저명한 전문가의 고객으로 살았던 시대로 기억될 것이다. 이 시대에 여행이란 단체로 몰려다니며 낯선 사람을 멍하니 바라보는 것을 의미했던 시대로 기억될 것이다. 사람끼리의 친밀함이란 마스터스와 존슨[3]에게 훈련받는 걸 의미했던 시대로 기억될 것이다. 여론이란 지난밤 토크쇼의 재방송이었으며, 똑같은 것을 더 많이 팔려는 세일즈맨에게 찬성표를 던지는 행위였다고 말할 것이다.

기독교 종교개혁 말기에 여러 종파들이 믿음으로 의롭게 되는 것과 행위로 의롭게 되는 것이 서로 다르다고 주장했다. 그 말을 듣는 요즘 학생들은 두 가지를 구별하지 못한다. 마찬가지로 미래의 학생들에게 자본주의 학파와 사회주의 학파가 서로 반대되는 학파이고, 병원과 감옥, 운송체계가 다른 것이라고 말하면 혼란에 빠질 것이다. 아이들은 또한 가난한 나라와 사회주의 국가의 사서와 외과의사, 슈퍼마켓 설계자들이 부유한 나라

---

3 Masters and Johnson. 미국의 의사 윌리엄 마스터스와 심리학자 존슨 마스터스를 일컫는다. 인간의 성욕에 관한 연구를 한 것으로 유명하다. 그들이 공동 저술한 『인간의 성적 반응 *Human Sexual Response*』(1966)은 성적 활동의 생리와 해부에 대해 포괄적으로 정리한 최초의 연구서로 평가된다.

에서 자신들과 같은 직종의 사람이 10년 전에 했던 방식 그대로 기록물을 보존하고, 똑같은 도구로 치료하고, 똑같은 공간을 설계했다는 사실을 발견할 것이다. 미래의 인류학자는 지금 우리의 현대를 시기 구분하기 위해 유물을 발굴할 필요가 없을 것이다. 대신 유엔에서 발간한 간행물의 최신 동향에 반영된 전문가들의 유행을 조사하는 것으로 충분할 것이다.

인간의 필요를 전문가가 구상하여 만드는 이 시대는 저주로 기억될 것인가? 아니면 미소로 기억될 것인가? 그걸 예언한다면 오만한 사람일 것이다. 나는 물론 이 시대가 이렇게 기억되길 바란다. 아버지가 밤새 흥청망청 먹고 마시느라 가산을 탕진해 자식들이 맨손으로 시작해야 했던 시대로 기억되기를 바란다. 하지만 슬프게도 이 시대는 다음과 같이 기억될 가능성이 더 높다. 모든 세대가 삶을 빈곤하게 만드는 풍요를 광적으로 쫓느라 자유를 모두 양도할 수 있는 것으로 만들고, 정치를 역사상 최초로 복지수령자의 불만을 조직하는 것으로 바꾼 다음에는 전문가 전체주의로 덮어버린 시대였다고.

전문가의 표식

우리가 우선 마주해야 할 사실은 필요를 만들고, 조정하고, 충족시키며 이 시대를 지배하는 전문가 집단이 새로운 종류의 카르텔이라는 점이다. 이미 시작된 그들의 방어에 휘말리지 않고 나

가기 위해 알아야 하는 사실이다. 현대의 생명공학자는 마치 옛날의 의사인 양 자애로운 표정을 지으며 자신들의 얼굴을 숨기기 시작했다. 교육 기술자의 공격적인 행동은 학생을 염려하는 교사의 지나친 관심이거나 실수로 보이기 때문에 대수롭지 않게 넘어간다. 온갖 심리학 기술로 무장한 현대의 인사 담당자는 과거의 공장 감독관처럼 하고 다닌다. 이 새로운 전문가들은 전문성으로 인간의 필요를 정의하고 충족시키면서 사람들에게 보살핌이라는 걸 제공하고 봉사하는 사람처럼 행세한다. 그들은 비잔틴 제국의 관료조직보다 더 굳건하고, 세계 교회보다 국제적이며, 어떤 노동조합보다도 강고하다. 그들이 부리는 능력은 주술사보다 전지전능하다. 손아귀에 들어온 것을 절대 놓지 않는 힘은 마피아보다 강하다.

이렇게 새롭게 생겨난 전문가는 우선 사기꾼과 잘 구별해야 한다. 교육자를 예로 들면, 그들은 학교에서 무엇을 배워야 하는지를 정할 뿐 아니라 학교 밖에서 배우는 것은 쓸모없다고 못 박을 수 있다. 이런 식의 독점을 통해 전문가는 독재자처럼 다른 곳에서는 쇼핑을 못하게 하고, 집에서는 술을 담그지 못하게 하므로, 얼핏 보면 사전에 나오는 폭력단의 정의와 비슷해 보인다. 폭력단은 이익을 얻기 위해 공급을 조절하여 생필품을 독점한다. 하지만 교육자, 의사, 사회복지사 같은 오늘날의 전문가는 마치 사제나 변호사처럼 합법적으로 권력을 확보하여 자신들만

이 필요를 만들고 제공하도록 법을 제정한다. 그들은 현대의 국가를 지주회사로 만들었다. 이 지주회사에 딸린 기업들은 자체적으로 승인한 사업을 벌인다.

역사를 돌아보면, 일에 대한 법적인 규제에는 여러 가지 형태가 있었다. 전쟁에 나가는 군사들은 약탈 허가가 떨어질 때까지는 전투를 거부했다. 리시스트라타[4]는 여자 노예들이 성관계를 거부하도록 규합하여 평화를 유지했다. 코스 섬[5]의 의사들은 비밀 의술을 직계 후손에게만 물려주기로 함께 맹세했다. 중세 길드에는 소속된 직인이 반드시 통과해야 하는 절차가 있었다. 여러 기술마다 교과 과정과 시험이 있었고 기도와 성지순례 그리고 고난시험이 있었다. 한스 작스[6]는 이 모든 것을 통과하고 나서야 자신이 만든 신발을 이웃 시민들에게 신겨 줄 수 있었다. 자본주의 국가에서 노동자는 누가 얼마를 받고 몇 시간을 일할지를 노동조합을 통해 조정한다. 이 모든 동업 조합에는 전문가가 있어서 누가, 어떻게 일을 할지 결정했다.

---

4 Lysistrata. 서기전 410년에 쓰인 아리스토파네스의 희극. 펠로폰네소스 전쟁으로 피해를 본 아테네 여성들이 성 파업을 일으켜 남편들이 전쟁을 끝내고 평화를 선택하도록 한다는 것이다.

5 Kos. 소아시아의 남서 연안에 위치하는 그리스령의 섬. 옛부터 의학의 중심지로 알려져 있고 '의학의 아버지' 히포크라테스도 이 섬 출생이라고 전해진다.

6 Hans Sachs. 1576년 독일의 뉘른베르크에서 재봉사의 아들로 태어났다. 평생을 제화업에 종사하면서 시인으로서의 사명을 자각하여 6천여 편의 작품을 남겼다.

하지만 그들이 전문가라고 해서 오늘날의 의사와 같은 의미의 전문가는 아니었다. 의사는 전문가 중에서도 가장 충격적이고 가슴 아픈 예가 될 것이다. 현대의 위세를 떨치는 전문가는 그 어떤 시대의 전문가보다도 훨씬 나아간다. 자신들이 무엇을 만들지, 누구를 위해 만들지, 어떻게 운영할지를 결정한다. 전문가들이 갖고 있는 특별하고 소통될 수 없는 지식은 단지 무슨 물건을 어떻게 만드는지뿐만 아니라 그들의 서비스가 왜 필요한지에 관한 지식이다.

예로부터 상인은 창고에 쌓아둔 물건을 파는 사람이다. 길드의 직인職人은 물건의 품질을 보증하는 사람이었다. 장인은 고객의 치수뿐 아니라 취향에 맞게 물건을 만드는 사람이었다. 그러나 이 시대의 전문가는 내게 필요한 게 무엇인지를 말해주는 사람이다. 그들은 사람을 처방할 권리를 요구한다. 그들은 무엇이 좋다고 광고할 뿐 아니라 무엇이 옳은지를 선포한다. 전문가임을 알 수 있는 표식은 고수익도 아니며, 오랫동안 배워야 하는 교육 과정도, 복잡한 기술도, 높은 사회적 지위도 아니다. 수익은 적을 수도 있고 대부분이 세금으로 빠질 수도 있다. 수련기간은 몇 년을 몇 주로 압축할 수 있고, 사회적 지위는 전통적 직업보다도 낮을 수 있다. 전문가에게 중요한 것은 개인을 고객으로 정의하는 권위이며, 그 고객에게 필요를 결정해주는 권위이고, 새로운 사회적 역할을 알려주는 처방을 하는 권위이다. 현대의 전문가는 옛날의 매춘부처럼 돈으로 받을 수 없는 것을 파는 사람이 아니라, 돈을 받고 팔아야 할 것과 무료로 제공해서는 안될 것을 결정하는 사람이다.

전문가의 권력과 다른 직업의 권력을 비교하면 더 큰 차이가 보인다. 전문가의 권력은 다른 차원에서 나온다. 길드나 조합, 혹은 갱단은 이익과 권리를 지키기 위해 파업이나 시위, 혹은 위협적 폭력을 과시한다. 하지만 전문가는 마치 중세의 사제들처럼 엘리트에게 이익을 챙겨주는 대가로 그들의 동의를 얻어 권력을 잡는다. 중세의 성직자가 성유를 발라주어 왕의 행렬에게 구원에 이르는 길을 열어주었던 것처럼, 현대의 전문가는 지배자의 선거구마다 특별하고 현실적인 이득을 해석하고 보장하며 공급해준다. 전문가의 권력은 사람들에게 무엇이 옳은 것이며 따라서 무엇이 필요한지를 처방하는 특권이 전문화된 형태이다. 이 특권은 산업 국가에서 명예와 권한을 주는 원천이다. 이런 식의 전문가 권력은 물론 전문가라는 지위가 지배계층에 들어가는 것을 정당화해주는(보장해주지는 않더라도) 사회에서만 존재한다. 이 사회는 지배 계층에게 도덕적으로 부족한 점이 있더라도 독특한 객관성을 부여한다. 국회의원이 될 자격조차 대학에서 지식을 쌓아 박사 자격증을 획득한 사람으로 과도하게 제한하는 이 시대가 바로 그러한 사회와 장갑처럼 딱 맞는다. 사회의 필요를 정의하는 전문가의 자율권과 자격증은 국회의원의 재산 조사도 학교에서 공인한 지식의 양으로 대체하는 정치 문화에서 현대의 과두제 집권층이 쓰는 논리 형태이다. 전문가의 권력은 그 기원과 범위 모두에 있어 이렇게 독특하다.

성스러운 박애자

전문가 권력은 최근에 급격히 달라졌다. 털빛이 완전히 바뀐 두 동물이 여전히 같은 이름으로 불리며 어슬렁거린다. 임상 의학자나 실험 의학자가 그 옛날 가정의家庭醫가 입던 가운으로 갈아입고 비난의 칼날을 피해 간다. 약사에게 약을 공급하던 떠돌이 의원은 자신이 직접 약을 처방하면서 의사가 되었다. 당시에 그는 혼자서 세 가지 역할을 동시에 수행하여 새로운 권위를 얻을 수 있었다. 첫째는 환자에게 조언하고 가르치고 방향을 제시하는 지혜의 권위였다. 둘째는 설득뿐만 아니라 훈계도 할 수 있는 도덕의 권위였다. 셋째는 환자에게 자신의 양심이나 국가의 존립보다도 우선하는 가장 소중한 것에 의사가 다가서도록 마음의 문을 열게 하는 카리스마적 권위였다.

이런 의사는 지금도 존재하긴 하지만 현대 의학계에서는 과거의 퇴물이다. 신종 의료과학자가 대세가 되었기 때문이다. 이들은 환자보다 환자의 증상을 더 중요하게 다룬다. 환자의 고통보다 치료 과정에서 생길지 모를 의료 사고에 더 민감하다. 그들은 환자의 이익보다 사회의 이익을 지키려 한다. 자유시대에 한 사람의 환자를 치료하는 의사 개개인에게 있었던 그 권위를 이제 국가를 위해 봉사하는 전문가 집단이 가져갔다. 이 집단은 사회에서 수행할 의무를 자기들이 직접 만든다.

지난 25년 동안, 의사는 보통 사람에게 필요한 건강을 구성하는 게 무엇인지 보여주는 권력을 획득하면서 전통적 직업인에서 막강한 전문가로 변신할 수 있었다. 의료 전문가는 기업이 되어 한 사회에 대규모로 제공할 의료 서비스를 결정할 권한을 획득했다. 전문가 한 명이 고객 한 명에게 '필요'를 부여하던 시대는 지나갔다. 지금은 기업화된 전문가들이 특정 계급을 상대로 '필요'를 부여한다. 누가 환자 집단에 속할지 가려내겠다며 인구 전체를 조사할 권한을 가져간다. 의학계에서 생겨난 일은 다른 분야에서도 그대로 벌어졌다.

신종 전문가들이 속속 '치료·보살핌'을 제공하는 호황 산업에 뛰어들었다. 교육자, 사회사업가, 군인, 도시 기획자, 판사, 경찰관, 그들의 동료들은 확실히 성공을 거두었다. 그들은 자기 분야에서 치료받을 고객을 확보하고 처방 기구를 만드는 광범위한 자율권을 누리고 있다. 다른 분야에서도 이 필요 생성자의 실험은 이어진다. 다국적 은행은 아프리카 나라들이 앓고 있는 병을 '진단하고', '환자'가 죽을지도 모를 처방을 내린다. 보안 전문가는 애국심을 측정한다며 국민의 사생활을 감시하여 사적 영역을 없애버린다. 개장수는 자신들이 해충을 박멸하는 사람이라고 홍보하며 들개를 잡을 독점권을 요구한다. 필요가 확산되는 걸 방지하는 유일한 방법은 막강한 전문가를 정당화하는 환상을 근본적이며 정치적인 방식으로 폭로하는 것이다.

많은 전문가들이 기반을 확고히 다지고 나자, 이제는 고객이 된 개인을 감독할 뿐 아니라 병실이 되어버린 그의 세계를 어떤 형태로 만들지 결정한다. 그리하여 인간이 자아를 인식하고, 자유와 권리를 분별하고, 필요를 깨닫게 하는 언어는 모두 전문가의 권력에서 갈라져 나오게 되었다.

과거의 장인과 전통적 직업인, 그리고 현대의 전문가가 어떻게 다른지는 그들의 말을 듣지 않는 사람들이 각각 어떻게 되는지 비교하면 분명하게 알 수 있다. 장인의 조언을 듣지 않는 사람은 어리석은 사람이 된다. 전통적 직업인의 충고를 듣지 않는 사람은 사회적 비난을 받는다. 현대 사회에서는 누군가 변호사, 교사, 의사, 심리 치료사가 결정한 보살핌을 거부하면 전문가 단체 또는 정부가 비난받는다.

서비스 전문가들은 사람의 필요를 과거보다 잘 충족시키고, 게다가 공정하게 분배한다는 미명 아래 성스러운 박애자로 진화했다. 영양사는 유아에게 '올바른' 영양 성분을 주는 사람이며, 정신과 의사는 '올바른' 항우울제를 처방하는 사람이다. '선생님'보다 훨씬 막강한 권한을 부리는 학교 교사는 학생이 무언가 배울 게 생길 때마다 자신이 반드시 개입할 권리가 있다고 느낀다. 서비스 생산에서 새로 생겨난 전문성은 대중이 그것을 받아들이게 하는 동시에, 없어져야 하는 것을 법으로 강제하면서 번창한다. 학교는 문맹을 악으로 정의하고 문맹 퇴치 운동을 벌이면서 확장했다. 병원의 분만실은 가정 출산을 없애면서 우후죽순 생겨났다.

전문가는 사회적 일탈을 정의하고 치료할 독점권을 요구한다. 예를 들어, 변호사는 이혼하는 부부에게 도움을 줄 능력과 법적 권한이 자신들에게만 있다고 주장한다. 혼자 힘으로 이혼의 고통을 헤쳐가야 하는 사람에게 도움을 주면, 그 사람은 진퇴양난에 빠질 것이다. 만일 변호사가 아닌 사람이 도움을 주었으면 그는 무면허 영업을 한 것이다. 변호사 협회에 소속된 변호사라면 비전문적 행위를 했기 때문에 협회에서 제명될 것이다. 전문가는 또한 인간의 본성과 약점에 관련된 정보를 일반 대중에게는 공개하지 말자고 요구한다. 그런 정보를 현실에 응용할 권리는 자신들에게만 있다는 것이다.

예를 들어 동네에 살던 사람이 죽으면 무덤을 파던 이웃들은 전문가 집단의 일원이 아니었다. 그들은 장의사라는 호칭을 만들지도 않았고, 대학에서 자격증을 따지도 않았다. 관을 묻으며 돈을 받지도 않았다. 뿐만 아니라 자기들 직업에서 풍겨 나오는 죽음의 냄새를 없애기 위해 라이온 클럽에 회장을 배출하지도 않았다. 반면, 이 시대의 장의사는 전문가이다. 사회적 영향력을 행사하고 보통 사람을 무력하게 만드는 전문가가 되었다. 그들은 장의사가 방부 처리를 하여 시체를 관 속에 넣는 장례가 아니면 경찰을 불러 중단시킬 힘을 갖게 되었다.

이렇게 인간이 필요를 상상할 수 있는 모든 분야에서, 인간을 무력하게 만드는 현대의 전문가는 자신들이 공공의 안녕을 책임지는 유일한 전문가라고 주장한다.

민주주의가 위축되다

전통적 직업인이 권력을 휘두르는 전문가로 변신한 것은 교회의 제도화 과정과 맞먹는다. 의사가 생명 공학자로, 선생이 지식 기술자로, 장의사가 사망 기술자로 변신한 모습은 직종연합이라기 보다는 국가의 지원을 받는 성직자 집단에 더 가깝다. 현대의 브랜드인 과학적 정통성을 설교하는 모습은 마치 신학자 같다. 도덕적인 기업인으로서 행세하는 모습은 사제를 보는 듯하다. 그는 중재하기 위해 필요를 창조한다. 어려운 이를 돕겠다는 사명감으로 선교사를 대신해 불우한 이를 찾아 나선다. 심문관이 되어 이단을 불법으로 규정한다. 이단이란 자신에게 문제가 있다는 걸 인정하지 않는 반역자에 대한 해결책이다. 인간으로 타고났기 때문에 겪는 갖가지 불편을 없애는 임무를 해결하느라 여러 직위를 갖게 된 이들은 마치 제도화된 사이비 종교와 흡사하다. 사회가 이렇게 막강한 전문가를 용인한다는 것은 본질적으로 정치적 사건이다. 전문가가 생겨날 때마다 새로운 위계질서가 만들어지고, 고객이 될 사람과 쫓겨날 사람이 가려지며, 추가 예산이 책정된다. 매번 그러한 전문가에게 합법성이 주어진다는 것은 입법부, 사법부 그리고 행정부가 수행하는 정치적 과제의 고유한 성격과 독립성이 훼손된다는 것을 의미한다. 사회 문제를 해결할 권한이 보통 사람들이 투표로 선출한 대리인의 손에서 스스로 임명장을 수여하는 엘리트의 손으로 넘어가는 것이다.

최근에 의학이 단순한 직종 이상으로 영향력을 지니게 되면서 의료 전문가들은 자신들이 공공 규범을 세우겠다며 입법권을 침해한다. 지금까지 의사란 질병이 무엇 때문에 생겨나는지를 찾아내는 사람이었다. 그러나 이 시대의 의료 전문가는 사회가 어떤 질병을 용납해서는 안 되는지를 결정한다. 의사는 줄곧 아픈 사람을 진단하는 사람이었지만, 현대에 막강해진 의사는 치료해서는 안 될 사람을 골라서 낙인을 찍는 사람이다. 옛날의 의사는 환자를 치료했지만 지금의 의사는 대중을 교정한다. 즉 환자를 어떻게 할지 또는 환자에게 무엇을 줄지를 결정한다.

민주주의에서 법을 제정하고, 집행하고 정의를 실현하는 권력은 시민들 스스로에게서 나와야 한다. 하지만 중요 권력을 견제할 시민의 힘은 제약당하고 약화되다가 전문가 집단이 교회처럼 막강해지고부터는 아예 소멸되었다. 국회가 전문가의 견해를 바탕으로 결정을 내리게 되면 그 정부는 국민을 위한 정부일지는 모르나, 국민에 의한 정부는 결코 아니다. 여기서 어떤 의도로 인해 정치 규칙이 힘을 잃었는지를 다 밝힐 수는 없다. 다만 이런 추세를 뒤집으려면 여론을 반영하는 것이 필수 조건이고, 전문가 집단은 여론을 반영할 자격이 없다는 걸 증명하는 것만으로 충분할 것이다.

공공 정책을 결정할 때는 전문증거傳聞證據 배제 법칙[7]에 근거해야 시민의 자유가 보장된다. 시민이 직접 볼 수 있고 해석할 수 있는 것만이 법 제정의 근거가 된다. 어떤 견해나 신념, 추론이나 설득도 눈으로 확인할 수 있는 것과 어긋나면 정책에 반영할 수 없다. 엘리트 전문가들은 이 법칙을 야금야금 허물다가 급기야는 거꾸로 뒤집어버렸다. 국회와 법원이 참고인으로 출석한 이 엘리트들의 의견을 경청하는 사이 전문증거 배제 법칙은 사실상 유예되었다.

하지만 전문가가 제시한 사실이나 지식을 대중이 활용하는 것과 전문가들이 집단으로 규범적 판단을 내리는 것을 혼동하지 말아야 한다. 예를 들어, 총기 제조자 같은 기술자가 전문가로서 배심원들에게 자기 직업의 비밀을 증언하려고 법원에 출석한 경

---

7 전문증거hearsay evidence란 사실 인정의 기초가 되는 것을 체험자 자신이 직접 공판정에서 진술하는 대신에 다른 형태(타인의 증언이나 진술서)로 간접적으로 법원에 보고하는 증거이다. 법원은 그 증거능력을 원칙적으로 부정하고 있다.

우를 생각해보자. 그는 그 자리에서 자신이 보유한 기술을 배심원들에게 전수하는 것이다. 어떤 총구에서 탄환이 발사되었는지를 눈으로 볼 수 있게 한다. 오늘날에는 전문가 대부분이 이런 역할을 하지 않는다. 막강한 전문가들은 법원이나 국회에서 사실에 기반을 둔 증거나 기술이 아니라 자기 동료의 입장을 말하는 것이다. 그들은 전문증거 배제 법칙을 유보하라고 요구하고 결과적으로 법치를 훼손한다. 그리하여 민주주의는 곧바로 위축된다.

필요의 역사

전문가가 우리에게 필요한 것이라 끼워 넣는 것을 우리가 결핍으로 느끼지 않는다면, 그들이 인간을 불구로 만드는 막강한 힘을 휘두르지 못했을 것이다. 보호자와 피보호자처럼 상호 의존하는 현상이 그동안 분석 대상이 되지 않은 이유는 오염된 언어로 가려졌기 때문이다. 오래되고 훌륭한 말들이 상표를 찍는 도장처럼 되어버려 집과 가게, 공간 그리고 그사이의 공기도 전문가가 보호하라고 지시한다.

　상식의 근간이 되는 말이 전문가가 통제하는 전문용어로 오염되었다. 말이 그렇게 침탈되어 일상 언어는 고갈되고 전문용어로 변질되는 사이, 사회는 좀 더 직접적인 방식으로 변질되어 급여를 받고 고용되지 않으면 그 사람의 가치가 박탈되는 특수한 형태의 환경이 만들어졌다. 계획과 태도, 법률에서 전문가 지배를 약화시킬 변화를 일구려면 그들의 지배를 숨기는 잘못된 이름들에 더욱 민감해져야 한다.

내가 말을 배우기 시작할 때 '문제'란 말은 수학 교과서나 체스에만 존재했다. '해결'[8]은 화학이나 법률 용어였다. 내게 뭔가 '필요'하면 대개 동사로 표현했다. 그래서 누군가 '내게 문제가 있어요'라고 하거나 '나는 필요를 가지고 있어요'라고 말하면 우스꽝스럽게 들렸다. 내가 십 대가 되고, 히틀러가 해결을 찾고 있을 무렵, '사회 문제'라는 말이 퍼져갔다. 사회사업가들이 사냥감에 이름을 붙이고 '필요'를 표준화하는 법을 배우자, 전에 없던 그늘에 가려진 '문제아'들이 가난한 사람들 속에서 발견되었다. 명사로 쓰는 '필요'는 전문가의 살을 찌워주고 힘을 길러주는 사료가 되었다. 가난은 현대화되었다. 관리를 위해 가난은 경험하는 것에서 측정하는 것으로 바뀌었다. 가난한 사람은 무언가가 필요한 사람이 되었다.

내 인생의 후반기에 이르자 '필요'를 갖는 게 고상한 일이 되었다. 필요를 셀 수 있게 되었고 어딘가에 끼워 넣을 수 있게 되었다. 필요의 사회적 신분이 상승했다. 필요를 갖는 게 가난을 뜻하지 않게 되었다. 소득수준이 생겨나 필요를 숫자로 표시하

---

8 Solutions. '해법'이라는 뜻과 함께 '용해', '용액'이라는 뜻도 있다.

는 게 가능해졌다. 스폭[9]과 컴퍼트[10], 네이더[11]를 따르는 추종자들은 전문가의 조리법에 따라 문제를 요리하고 해결 방법을 구매하도록 보통 사람들을 훈련했다. 학교는 오를수록 산소가 희박해지는 고지에 올라가, 그곳에서 여러 필요를 교배하여 지금까지 없던 새로운 품종을 이식하고 재배할 수 있는 자격증을 졸업생에게 주었다. 전문가의 처방은 늘고 인간의 자신감은 줄어들었다. 현대 의학은 그 어느 시대보다 약리학적으로 효과가 뛰어난 약을 쏟아내지만, 사람들은 가벼운 병이나 불편함조차 이겨낼 의지와 능력을 잃었다. 미국의 슈퍼마켓에는 매년 약 1,500종의 신상품이 출시된다. 그중에서 1년 이상 매장에 진열되는 상품은 20퍼센트도 안 된다. 나머지 상품은 팔 수 없는 물건이 된다. 금방 유행에 뒤처지고, 소비자에게 위험하다는 이유로, 또는 팔아도 이윤이 남지 않아서, 신상품이 나오는 대로 폐기해야 할 상품으로 전락한다. 소비자들은 어쩔 수 없이 전문 소

---

9 Benjamin McLane Spock. 미국의 소아과 의사이자 시민운동가로 방사능 오염 경고와 베트남 반전운동을 벌였다. 『스폭 박사의 육아서』(1946)를 발간해 전후 세대의 부모들에게 폭발적 인기를 얻으며 베스트셀러 작가가 되었다.

10 Alexander Comfort. 영국의 작가이며 의학자로 반전·평화 운동에 참여하였다. 노화현상, 성적 행동에 관심을 기울였고, 『성의 기쁨』(1972)은 세계적 베스트셀러가 되었다.

11 Ralph Nader. 미국의 사회 운동가, 소비자운동 지도자. 시민의 대변자로서 젊은 변호사들의 그룹인 '네이더 돌격대'를 이끌고 대기업과 정부의 부정을 잇달아 적발하여 많은 성과를 올렸다.

비자 운동가의 조언을 받아야 한다.

　더욱이 생산량이 급속히 증가하면서 인간의 욕구는 얕아지고 주변 상황에 쉽게 휘둘린다. 하지만 가공된 필요를 충족하는 소비품이 높이 쌓여갈수록 소비자들은 수시로 자극하는 욕구에 둔감해지는 모순이 생긴다. 갈수록 광고 문구가 필요를 만들고, 소비자는 전문의, 미용사, 산부인과 의사 등 수십 명의 치료 전문가가 내리는 지시를 따라 구매를 하게 된다. 광고가 되었든, 전문가의 처방이 되었든, 모임에서 토론을 하든 자신이 무엇을 필요로 하는지 누군가로부터 배워야 하는 사회는 개인이 만족을 추구하는 과정에서 스스로 행동하거나 결정할 수 없는 문화에서 나온다. 이런 문화에서 소비자는 스스로 배우기보다 만들어진 필요에 적응할 수밖에 없다. 사람을 데려다 필요를 배우는 데 유능한 학생으로 만드는 사회에서는 스스로 경험한 만족에 기반해 자신의 욕구를 만드는 능력은 보기 드물어진다. 아주 부자이거나 몹시 가난한 사람만이 할 수 있다. 게다가 인간의 필요가 소규모 부품으로 쪼개지고 각각의 필요를 해당 전문가가 관리하면서 소비자는 더 애를 먹게 되었다. 다양한 관리자들이 따로따로 제공한 서비스를 통합해 의미 있는 전체로 만드는데 어려움을 겪는다. 하지만 내게 의미를 주는 것은 간절하게 노력한 끝에 즐거움과 함께 얻어지는 것이 아닌가. 새로운 관리 가능성이 발견되자 자산 관리사, 생활양식 상담사, 의식함양 전문가,

식품 전문가, 감각 개발자 등 전문가들은 이제 자신들이 쪼개놓은 필요를 통합한 종합상품을 내놓는다.

명사가 된 '필요'는 전문가의 형태를 갖고 태어난다. 그것은 전문가들이 자신의 필수품을 주조하는 형틀에 플라스틱 거품을 부어 복제한 것이다. 필요는 또한 소비자가 만들어지는 배양세포를 가져다가 광고라는 형태로 만든 것이다. 자신에게 부여된 필요를 무시하거나 확신하지 못하는 인간은 사회가 용납할 수 없는 반사회적 인간이 된다. 이 시대에 모범 시민이란 필요를 부정하지 않는 것은 물론이고 다른 대안이 있을 거라는 기대를 일찌감치 접은 뒤, 표준화된 필요만 받아들이는 사람이다.

내가 태어났을 무렵은 스탈린과 히틀러, 루스벨트가 모두 권력을 잡기 전이었다. 그때만 해도 몸에 열이 있다고 해서 병원에 가서 치료받겠다고 하는 사람은 아주 부자이거나 건강 염려증에 걸린 사람 등 주로 소수의 상류층이었다. 의사라고 해서 손자가 아프면 배를 만져주는 할머니보다 나을 게 없었다. 의학 분야에서 최초로 필요의 변종이 생겨난 것은 설파제sulfa drugs와 항생제가 보급되면서이다. 이 약품 덕분에 전염병 예방이 단순하면서도 금방 효과를 내는 사업으로 부상했고 약은 점점 더 많이 처방되었다. 의사는 환자 역할을 배당하는 독점권을 갖게 되었다. 몸이 아파 더는 참을 수 없는 사람은 의사의 판단에 따라 병명을 달고 입원을 하여 당시에는 소수였던 환자 집단의 일원으로 공식 선언되었다. 그렇게 해서 노동에서 면제되고, 요양할 자격을 얻고, 의사의 지시를 받으며 회복 과정에 들어갔다. 하지만 시험과 약물 등 약리학적 기술이 점점 믿을만해지고 비용도 낮아지면서 사람들이 의사를 찾을 필요가 줄어들자 역설적인 상황이 일어났다. 과학으로 단순해진 그런 기술을 마음대로 쓰지 못하게 하는 법규가 만들어지고, 의사의 처방 목록에 올라간 것이다.

영원히 끝나지 않는 집중치료

두 번째 필요의 변종은 환자가 더는 소수가 아니게 되면서 나타났다. 오늘날 다만 얼마 동안이라도 의사 없이 살 수 있는 사람은 드물다. 이탈리아나 미국, 프랑스 또는 벨기에에서는 시민 두 명 중 한 명이 십여 명의 의료 전문가를 동시에 만나서 치료를 받고, 조언을 듣고, 정기적으로 검진을 받는다. 전문 치료의 대상은 대개 치아, 자궁, 감정 상태, 혈압, 호르몬 수치 등, 환자 본인은 평소에 느끼지 못하고 사는 문제들이다. 지금은 더 이상 환자가 소수가 아닌 시대가 되었다. 거꾸로 아무런 환자 역할도 맡지 않는 사람이 소수자이며 사회 이탈자가 된다. 이들 소수 집단은 빈곤층이나 농민, 최근에 들어온 이민자 등 온갖 잡다한 인간들로 이뤄져 있다. 이들은 간혹 자신의 의지로 의학적 무단이탈을 감행했던 사람들이기도 하다. 20년 전만 해도 병원에 가지 않는 게 건강하다는 증거였고 바람직하게 여겨졌다. 지금은 반대가 되었다. 환자가 아닌 사람은 돈이 없는 사람이거나 이상한 사람이다. 건강 염려증 환자를 바라보는 시각도 달라졌다. 40년대 건강 염려증은 의사들이 달갑지 않은 환자에게 붙인 이름으로, 자신이 아프다고 상상하는 사람을 지칭하는 병명이었다. 지금은 의사를 피하는 소수를 지칭하는 데 같은 이름을 사용한다. 즉 현대의 건강 염려증 환자는 건강하다고 착각하는 사람이다.

오늘날 전문가의 고객으로 평생 시스템에 갇혀 산다는 것은 과거에 대다수 시민으로부터 장애인을 구별하기 위해 붙였던 오명과는 다르다. 우리는 지금 다수의 비정상인과 그들의 보호자를 위해 돌아가는 사회에서 살고 있다. 전문가 수십 명의 우수 고객으로 산다는 것은 사회의 모든 기능이 훌륭하게 작동하는 소비자 왕국에서도 최상으로 설계된 구역에 산다는 뜻이다. 환자와 상담을 해주던 전통적 직업인에서 사람을 불구로 만들 수도 있는 위력을 지닌 전문가로 변신한 의사는 이렇게 필요를 가져야 할 사람을 셀 수 없이 많이 만들어낸 것이다.

결정적 순간에 필요는 3단계 변형 과정에 들어섰다. 여러 가지 필요가 합쳐져 전문가들이 '복합적 문제'라 부르는 것이 생겨났다. 복합적 문제이므로 여러 전문가가 모여서 해결책을 제시해야 한다. 지금까지는 대량으로 생산된 상품이 제각기 필요한 것으로 전환되어 언제든 필요에 반응하도록 소비자를 수월하게 훈련시켰다. 다음으로, 필요가 연관성 없는 부분으로 잘게 쪼개지면서 이 필요를 통합해 의미 있는 전체를 만들기 위해 소비자는 전문가에게 의존해야 한다. 자동차 산업에서 그 예를 찾을 수 있다. 60년대 말까지, 포드 자동차는 광고에 나오는 옵션상품을 등장시켜 포드 기본 모델을 훨씬 매력적으로 돋보이게 했다. 하지만 소비자의 기대와는 반대로 이것은 속임수였다. 자동차는 이미 디트로이트 공장에서 옵션을 설치한 채 조립되어 출시되었다. 그래서 소비자는 마음에 드는 컨버터블 모델을 사려면 녹색 시트가 싫어도 참아야 하거나, 여자 친구가 좋아하는 표범 무늬 시트를 고르면 페이즐리 무늬의 하드톱을 억지로 사야 했다.

마침내 고객은 그들의 보호자가 조언하는 대로 '만족스러운 대우'를 받기 위해 팀을 이룬 전문가들의 도움을 구하게 되었다. 소비자를 치유하는 개인 서비스에서는 중요한 점이 한 가지 드러난다. 온갖 치유 서비스가 생겨나면서 수시로 수많은 치료를 받아야 할 사람으로 진단된 소비자에게 시간이 부족하게 된 것이다. 서비스 경제는 포화상태에 이르렀다. 그러다 보니 그 많은 교육, 의료, 사회치유 서비스를 소비하는 데 필요한 시간이 갈수록 모자란다. 이제 시간의 희소성이 서비스 소비에 가장 큰 걸림돌이 될 것이다. 그런 희소성의 조짐은 이미 유년기부터 나타난다. 유치원에서는 이미 알레르기 전문가, 언어 병리학자, 소아청소년과 전문의, 아동 심리학자, 사회사업가, 체육 전문가, 여러 교사 등 전문가로 구성된 팀이 아이들을 관리한다. 이렇게 아동 기술팀을 구성하는 주된 이유는 더 많은 필요를 끼워 넣는 데 주된 걸림돌인 시간을 나눠 쓰기 위해서다. 성인에게 서비스 통합이 집중되는 곳은 학교가 아니라 직장이다. 인사 관리, 노동 교육, 직무 연수, 의료보험, 의식함양 교육 담당자들은 노동자의 한정된 시간을 두고 서로 다투기보다는 협력하는 게 더 이익이라는 것을 알게 되었다. 직장에서 욕구가 적은 사람은 의심스러운 사람이다. 이제 사람들은 돈을 벌기 위해서만이 아니라 직장에서 얻을 수 있는 혜택 때문에 취직을 한다. 인간에게 공용[12]은 사라졌다. 그 자리에는 전문적인 서비스가 주입되는 탯줄이 달린 낯선 태반이 들어섰다. 인간은 영원히 끝나지 않을 집중치료를 받는다. 삶은 마비되었다.

---

12 환경 중에서 자기 소유의 바깥에 놓여 있으나, 상품 생산을 위해서가 아니라 집안의 생계를 유지하도록 사용 권한이 인정된 부분을 가리킨다. 『과거의 거울에 비추어』, (이반 일리치, 2013, 느린걸음), p.66 참조.

3

산업사회의 환상

전문가들의 지배로 무력해진 인간은 최종적으로 환상의 힘에 갇혀버린다. 구원을 받기 위해 종교에 기댔던 희망은 전문적 서비스의 최고 관리자인 국가에 거는 기대로 바뀌었다. 수많은 전문직 사제단이 공공의 문제를 특수한 서비스 문제로 정의하겠다며 저마다 법적 권한을 요구한다. 그들의 요구를 받아들이면 전문가가 끼워 넣은 필요를 순순히 인정하는 것이 사회적으로 당연한 것이 된다. 이미 이 세계는 전문가가 가공하고 관리하는 필요들이 사방에서 부딪혀 울리는 음향실로 변했다. 자신이 선호하는 것을 스스로 정의하고 만족하는 대신 교육된 필요를 채워야 하는 이러한 지배는 도시의 스카이라인 위로 그 모습을 드러낸다. 전문가들은 고층빌딩 아래로 끝이 안 보이게 긴 순례의 행렬을 내려다 본다. 수많은 사람들이 현대의 대성당인 병원과 학교로, 복지시설로 거대한 무리를 지어 이동한다. 가족의 건강을 보살피던 가정은 위생적인 아파트로 바뀌었다. 이곳에서는 아이가 태어날 수도 없고, 아플 수도 없으며, 고귀한 죽음을 맞을 수도 없다. 삶의 고비마다 도움을 주던 이웃도, 멀리서 왕진을 와주던 의사도 오래전 사라진 인종이다. 무언가를 배우는 데 적합했던 일터는 옷깃에 '신분'을 증명하는 금배지를 단 직원만 접근할 수 있는 복도로 이루어진 희미한 미로가 되어버렸다. 이제 서비스 배달 통로로 설계된 이 세계는 복지 수령자로 변한 시민들의 유토피아가 되었다.

부자들은 상품 속에 든 필요에 중독되고 가난한 사람들은 필요가 만든 환상에 마비된다. 사람들이 실제로 필요의 미적분학에 적응하는 순간 다시는 이를 뒤집을 수 없게 될 것이다. 하지만 그렇게 되지만은 않을 것이다. 어느 정도의 수준을 넘어서게 되면, 의학은 무기력과 질병을 만들고 교육은 인간을 파괴하는 노동 분업을 만들어낸다. 도시의 고속 교통체계는 사람들이 깨어 있는 시간의 6분의 1은 승객으로 살아가게 하고, 나머지 대부분의 시간에 포드 자동차와 에소 정유 회사, 고속도로 관리국에 돈을 벌어다 주는 도로 보수공으로 살게 한다.

전 세계 모든 나라의 1인당 국민소득이 쿠바의 평균 수준이 되면 그때부터 의학, 교육, 교통이 오히려 생산성을 갉아먹는 한계점에 도달한다. 내가 조사한 나라 어디에서나, 동양이나 서양이나 양쪽의 주류 이념이 선전하는 환상과는 반대로, 이러한 분명한 반생산성은 현재의 학교, 자동차, 보건기구의 종류와는 아무런 관계가 없었다. 이 반생산성은 생산 과정에 자본 투입이 결정적 임계점을 지날 때 시작된다.

현대의 주요 제도에는 애초에 만들고 투자했던 목적을 뒤엎는 기묘한 힘이 생겨났다. 저명한 전문가들이 지배하게 된 현대의 제도적 도구는 이 역설적인 반생산성을 주로 생산하게 되었다. 이 반생산성은 체계적으로 시민 전체를 무력하게 만든다. 애초부터 자동차를 중심으로 건설된 도시는 보행에 부적합하므로, 자동차를 마냥 늘린다고 해서 사람을 움직이지 못하게 만든 조건을 극복할 수 없다. 인간의 자율적인 행동은 상품이 늘고 치료가 과다해지면서 마비되었다. 그러나 이 만족감의 상실에 대해 어쩌다가 산업사회에 맞지 않다 보니 잃어버리게 된 것이라고 말할 수는 없다. 애초에 상품을 만들어 바꾸려 했던 그런 결과는 사용가치를 생산할 수 없는 무력감이 생긴 데서 비롯한 것이다. 자동차, 의사, 학교, 관리자는 소비자에게 참기 힘들 정도로 괴로운 것이 되었다. 상품을 통해 가치를 얻는 이는 서비스 제공자뿐이다.

후기 산업사회가 인간을 불구로 만드는 거대한 서비스 전달 체제로 합쳐지고 있는데도, 왜 저항은 일어나지 않는가? 그 이유는 이 체제가 환상을 만들어내는 힘을 갖고 있기 때문이다. 전문가들이 운영하는 제도는 인간의 몸과 마음에 기술적 영향을 끼치는 것 외에도 마치 강력한 의례처럼 제도의 관리자들이 약속하는 것에 믿음을 갖게 만든다. 학교는 아이들에게 읽는 법을 가르치는 것 말고도 교사에게 배우는 게 '더 좋은 것'이고 의무교육 때문에 가난한 아이들이 더 많은 책을 읽을 수 있다고 가르친다. 세단 자동차와 버스는 운송 기능 말고도 환경을 재조정하고 보행자를 길거리에서 내모는 일을 한다. 변호사는 세금을 덜 내는 도움만 주는 게 아니라, 법이 문제를 해결할 수 있다는 신념을 심어준다. 현대의 주요 제도에서 갈수록 더 비중을 차지하는 기능은 다음의 세 가지 환상을 만들고 유지하여, 인간을 전문가가 구원해야 하는 고객으로 바꾸는 것이다.

포화와 마비

인간을 노예로 만드는 첫 번째 환상은 인간은 소비자로 태어났고, 어떤 목표를 세우든 상품과 재화를 구매해야 원하는 걸 이룰 수 있다는 것이다. 이 환상은 한 나라의 경제에서 사용가치가 기여하는 비중이 얼마나 큰지를 보지 못하도록 교육하기 때문에 생겨난다. 현재 전 세계의 국가 가운데 자연이 인류에게 지속해서 끼친 공헌과 개인이 시장 밖에서 만드는 사용가치를 변수로 측정하여 경제정책에 반영하는 나라는 한 군데도 없다. 그러나 인간이 생산하는 사용가치가 제한 없이 무한정 거래될 때 그 즉시 붕괴하지 않을 경제 체제는 없을 것이다. 예를 들어 집에서 만드는 게 모두 월급을 받기 위한 것이라면, 잠자리를 할 때마다 대가를 줘야 한다면 무슨 일이 벌어질 것인가? 사람이 팔지 않고 팔 수도 없는 일을 하고, 그런 물건을 만드는 것은 매일 마시는 공기처럼 측정할 수는 없지만 값을 매길 수 없을 만큼 소중한 것이다.

경제에서 사용가치를 무시할 수 있다는 환상은 지금껏 자동사로 지칭되던 행위를 명사로 거론되는 상품으로 제도적으로 정의하여 무한정 대체할 수 있다는 가정에서 생겨난다. '배우다'가 '교육'으로, '낫는다'가 '건강 관리'로, '움직이다'가 '교통'으로, '놀다'가 '텔레비전' 등으로 끝없이 바뀌어 간다.

사회의 모든 영역에서 개인이 생산하는 가치와 표준적으로 생산되는 가치가 혼동되고 있다. 전문가의 지휘 아래 사용가치가 해체되고 쓸모없어지다가 마침내 그 고유한 본성마저 없어지고 말았다. 사랑은 기관에서 제공하는 보살핌과 동일해졌다. 십 년은 농장을 가꾸고 경험해야 하는 일이 믹서기 같은 교과 과정으로 들어가서, 이 과정을 이수하면 고등학교 수료증이 주어진다. 전문가는 세상의 수많은 경험 중에서 무작위로 골라 '교육 체험'으로 만들고 학생의 머릿속에 주입된 지식에 추가시킨다. 지식 계산가는 이 두 종류의 행위가 마치 물과 기름처럼 서로 섞일 수 없는 것이어서 교육자의 지각을 동원해 억지로 끼워 맞춰야만 결합한다는 걸 모르는 것 같다. 이 탐욕의 신념에 마비되지 말아야 한다. 그래야 필요 수집에 열광인 자들이 더는 우리에게 세금을 부과하지 못할 것이며, 우리의 자원을 그들의 실험과 조직, 잘못된 처방을 만드는 데 쓰지 못할 것이다.

필수품이나 상품이 쓸모 있으려면 혼동해선 안 될 다음의 두 경계를 넘어선 안 된다. 첫째, 어떤 시스템에서든지 필요가 만들어지는 속도가 상품이 생산되는 속도를 앞지르면 소비자 행렬은 조만간 그 시스템의 작동을 멈출 것이다. 둘째, 상품에 대한 의존이 곧 필요가 되어버리면 지금까지 그와 비슷한 물건을 자율적으로 생산하던 방식은 마비될 것이다. 상품이 어느 정도를 넘으면 **포화** 아니면 **마비**가 될 수밖에 없다. 포화와 마비는 결과는 서로 다르지만, 양쪽 모두 상품 생산량이 급증하기 때문에 생겨난다. 포화는 상품이 제대로 기능하는지를 측정하는 것으로, 맨해튼에 그 많은 자동차가 움직이는 데 왜 대중교통이 쓸모없게 되었는지 그 이유를 설명할 수 있다. 그러나 포화는 사람들이 어째서 제대로 탈 수도 없는 자동차를 구매하고 보험에 들려고 그렇게 열심히 일하는지 설명하지 못한다. 대중이 자동차에 의존하면서 어쩌다 그토록 무력해져 두 발로 걷기조차 어렵게 되었는지도 설명하기 어렵다.

현대인은 어디서나 감옥에 갇힌 수인이다. 시간을 빼앗는 자동차에 갇히고, 학생을 바보로 만드는 학교에 잡혀 있고, 병을 만드는 병원에 수용되어 있다. 사람은 기업과 전문가가 만든 상품에 어느 정도를 넘어 지나치게 의존하다 보면 자기 안에 있던 잠재력이 파괴된다. 그것도 아주 구체적으로 파괴된다. 상품은 어느 한계 안에서만 인간이 만들고 직접 해왔던 것을 대신할 수 있다. 오직 이 범위 안에서 교환가치가 사용가치를 만족스럽게 대신할 수 있다. 이 한계선을 지나 상품 생산이 증가하면 소비자에게 필요를 끼워 넣은 전문가에게만 이익이 되고, 소비자는 조금 더 부자가 된 것 같지만 마음은 늘 현혹되고 충동적으로 된다. 단순히 채우는 필요가 아니라 만족감을 주는 필요는 한 사람이 스스로 행동하고 그 과정을 회상하면서 생겨나는 즐거움에 의해 결정되어야 한다. 상품에는 한계선이 있어서 그걸 초과하여 늘어나면 소비자가 스스로 결정하고 행동하는 능력을 빼앗게 된다.

상품 꾸러미는 배달되어 사람을 무력하게 만들면서 필연적으로 소비자를 절망에 빠뜨린다. 지금까지 사용가치의 생산방식과 상품의 생산방식이 서로 대립하여 이루어진 평형상태로 한 사회의 행복을 측정한 적은 없다. 언제나 두 생산방식이 풍요롭게 맞물려 상승 효과를 냈을 때 생겨나는 균형을 통해 측정할 수 있었다. 타율적으로 상품을 생산하는 방식은 오직 어느 정도까지만 개인이 자신의 목적에 따라 자율적으로 생산하는 방식을 향상하고 보완할 수 있다. 이 지점을 넘어서면 서로 합쳐진 두 생산방식은 사용가치를 만들건 상품을 만들건 애초에 의도한 목적과 정반대의 결과가 나오는 역설적 상황이 발생한다. 하지만 때때로 우리는 이 점을 분명히 볼 수 없었다. 주류 환경 운동이 이 점을 가리는 경향이 있기 때문이다. 예를 들어 원자력 발전을 반대하는 이유는 원자로가 위험하기 때문이고 기술 관료만 막강하게 만들기 때문이었다. 하지만 원자력 발전이 에너지 탐욕을 부추기기 때문이라고 비판하는 사람은 드물다. 에너지가 정량을 넘어 소비되면 사회를 파괴하는 힘으로 전환되어 인간을 무력하게 한다는 주장은 아직도 에너지 소비를 줄여야 하는 근거로 받아들여지지 않는다.

마찬가지로 현대의 모든 서비스 제도가 내세우는 무한 성장에 넘을 수 없는 한계를 세워야 한다는 주장도 널리 받아들여지지 않는다. 그럼에도 제도화된 건강이 사람을 병든 꼭두각시로 만들고, 평생교육이 기계 같은 사람을 배출한다는 사실은 점점 더 명백해진다. 상품 생산을 위해 인간이 만든 환경은 상품 자체가 개인에게 만족을 주는 도구로서 가치가 없어지는 지점에 이를 때까지 개인들의 활력을 빼앗아갈 것이다. 생태학은 이 점을 깨달아야 현대화의 가능한 형태를 제시할 수 있을 것이다. 이 통찰 없이는 점점 더 깨끗하고 안전해질 현대의 산업 기술은 지금도 인간이 감당하기 불가능한 수준인 절망적 풍요를 계속 만들어낼 것이다.

현대 사회에서 반생산성이 생겨나는 원인을 본질적으로 경제 성장에 뒤따른 부정적 외부효과나 자원 고갈, 공해 문제로 돌리는 것은 큰 실수이다. 이런 실수는 상품이 제 기능을 못 하고 막혀버린 포화 현상과 물건을 위해 개조된 환경에서 아무런 자율성을 발휘할 수 없는 마비 현상을 혼동하는 것으로 이어진다.

시장 의존이 반생산성으로 이어지는 근본적인 이유는 상품의 근원적 독점과 인간의 필요 사이에 형성된 관계에서 찾아야 한다. 근원적 독점은 일반적으로 쓰는 독점의 의미를 넘어선다. 상업적 독점은 한 회사의 위스키나 자동차만 사도록 시장을 독점한다. 산업 부문의 카르텔은 자유를 훨씬 더 규제한다. 예를 들어 자동차 엔진을 전부 내연기관만 쓰도록 대중교통 체계를 독점할 수 있다. 제너럴 모터스가 로스앤젤레스에서 노면 전차를 인수했을 때 그런 일이 일어났다. 그러나 상업적 독점에서는 위스키 대신 럼주로 바꾸고, 카르텔에서는 자동차 대신 자전거를 구매하여 독점 구조에서 벗어날 수 있다. 나는 '근원적 독점'이라는 용어를 이와는 다른 점을 드러내기 위해 사용한다. 근원적 독점이란 사람들이 참여하거나, 참여하고 싶어하는 의미 있는 활동을 기업의 상품과 전문가의 서비스가 대체해버린 것이다. 이 독점은 전문가가 만드는 것에 유리하도록 인간의 자율적 행동을 마비시킨다. 자동차가 사람들을 땅에서 뿌리 뽑을수록 교통 관리자는 더 많이 필요하게 되지만, 사람들은 무력해진 채 집으로 걸어갈 것이다. 근원적 독점에서는 태양 에너지로 자동차 엔진을 돌리고, 풍력으로 바퀴를 굴려도 초고속 교통은 유지된다. 교육받는 시간이 길어질수록 스스로 답을 찾고 탐구하려는 시간과 능력은 줄어든다. 모든 분야에서 어느 지점을 지나 상품이 생산되면 인간 행동에 적합한 환경의 질은 떨어진다. 서로 보완하며 상승효과를 내던 사용가치와 상품은 이때부터 역효과를 만들어낸다. 이는 역설적이면서도 매우 구체적인 반생산성이다. '반생산성'이라는 용어는 상품이 사용가치를 대체하면서, 상품이 원래 사람에게 제공하기로 했던 만족 대신 그 반대인 부정가치를 만들어 인간을 무력하게 하는 모든 상황을 지칭한다.

산업적 도구와 자율적 도구

인간이 스스로 속한 문화에서 얻을 수 있는 도구를 능숙하게 사용하여 자신의 필요를 만들지 못할 때 더 이상 인간으로서 인식될 수 없다. 인류 역사를 통틀어 도구는 거의 사용자의 만족을 위한 노동집약적인 것이었고, 주로 집 안에서 일하는 데 쓰였다. 피라미드를 세우는 데 쓰거나, 선물로 교환하기 위해 남기는 경우는 아주 미미했고, 시장에 내다 팔기 위해 물건을 만드는 경우는 극히 드물었다. 이윤을 뽑기 위해 생산을 하는 경우에는 제한을 두었다. 인류는 오랫동안 교환이 목적이 아닌 사용가치를 얻기 위해 노동을 했다. 그런데 현대의 기술 진보는 줄곧 지금까지와는 전혀 다른 도구를 발전시키는 데에 적용되었다. 잘 팔리는 상품을 생산하는 도구를 만드는 쪽으로 발전해온 것이다. 산업혁명 기간에 일어난 최초의 기술 진보로 일자리가 줄어들자 노동자는 〈모던 타임스〉에 나오는 찰리 채플린이 되었다. 하지만 기술 진보의 초창기에 산업 생산방식 때문에 노동자는 일자리에서 쫓겨났지만, 그들의 삶이 마비되지는 않았다. 지금은 남자건 여자건 모두 누군지도 모르는 사람이 도구를 작동하여 생산한 표준화되고 쪼개진 상품에 전적으로 의존하면서, 지금까지 인간과 문화의 진화를 촉진시킨 도구를 직접 사용해 얻는 만족감을 얻을 수 없게 되었다. 인간의 욕구와 소비는 수십 배가 증가했지만, 도구를 다루며 얻는 만족감은 드물다. 인간은 자신이 몸을 갖고 태어난 이유인 삶을 살기를 멈추었다. 그 어느 때보다 휘황찬란한 불빛으로 둘러싸였지만 기껏해야 간신히 생존했을 뿐이다. 인간의 일생은 남몰래 만족을 위해 발버둥쳐야 하는 필요의 사슬로 이어지게 되었다. 수동적 소비자가 된 이 인간은 급기야 삶과 생존을 분간하는 능력조차 잃어버렸다. 지금까지 인간의 마음에서 즐거움이 솟아나던 그 자리엔 도박처럼 보험에 건 배당금을 기다리는 들뜬 기대감과 갖가지 치유 효과가 들어찼다. 이런 사회에서는 개인의 생기와 만들어진 물건이 하나의 목적을 추구하며 균형을 이루는 동안에만 만족과 기쁨을 얻을 수 있다는 사실이 쉽게 잊힌다.

　도구가 시장 지향적인 제도를 위해 쓰이다 보면 공생의 조건을 아무런 위험 없이 파괴할 수 있다는 환상은 '삶의 활기'까지 소멸할 수 있다는 것을 의미한다. 왜냐하면 그 과정에서 기술적 진보를, 보다 전문적인 지배를 허가하는 상품 생산 기술의 한 종류로 여기게 되기 때문이다. 이 환상은 목적을 좀 더 효율적으로 달성하는 도구에 대해 복잡하고 다루기 어려운 게 당연하다는 생각을 퍼뜨린다. 비행기 조종실이나 크레인을 떠올리면 될 것이다. 그래서 현대의 도구에는 고도로 훈련된 전문적인 운영자가 있어야 하고, 그 사람에게만 안심하고 맡길 수 있다는 믿음이 생긴다. 하지만 사실은 정반대이다. 그리고 정반대가 되어야 한다. 기술이 다양해지고 세분화될수록, 사용자가 복잡하게 생각할 일은 줄게 마련이다. 고객 쪽에서 기술자에게 특별한 신임을 줄 필요가 적어지는 것이다. 과거에 전통적 직업인이나 심지어 장인들도 고객이 신임을 주어야 자율성을 발휘했지만, 이젠 그런 신임을 줄 필요가 없는 것이다. 의학이 아무리 발달했다 한들, 지금 시행되는 의료 서비스 중 효과를 입증할 수 있는 기술만 따져보면 지적인 사람이 고등훈련을 받아야만 할 수 있는 의료 서비스는 그 비율이 극히 미미하다. 사회적 관점에서 앞으로는 좀 더 많은 사람이 능력과 효율성을 발휘하는 도구가 생겨날 때를 '기술 진보'라 불러야 한다. 특히 사용가치를 좀 더 자율적으로 생산하는 데 도구가 사용될 때 '기술 진보'라 불러야 한다.

전문가가 신기술을 독점하는 과정에서 당연한 것이란 있을 수 없다. 지난 백 년 동안 인류가 이룩한 위대한 발명인 합금 소재, 볼 베어링, 건축재료, 전자공학, 의료 검사와 각종 치료는 타율적 생산양식뿐만 아니라 자율적 생산양식 양쪽을 다 발전시킬 수 있다. 그러나 신기술 대부분이 자율적 도구가 아니라 제도적 상품이나 산업 기계로만 응용되었다. 전문가들은 기술의 특성 가운데 관리자에게 명백히 유리한 기술의 힘에 주목했다. 그것을 기반으로 근원적 독점을 탄탄히 하는 쪽으로만 초지일관 산업 생산을 이용했다. 사용가치 생산이 마비되어 생겨나는 반생산성은 이렇게 잘못된 기술 진보의 개념 때문에 촉진되었다.

볼 베어링은 자동차에만 사용하고 전자장치는 인간 두뇌를 통제하는 데만 사용하라는 규정만큼 단순한 '기술규약'도 없다. 초고속 교통이나 심리 치료는 볼 베어링과 전자장치 때문에 생겨난 게 아니다. 기술의 쓰임새는 그 기술을 어떤 필요로 쓰는가에 따라 결정된다. 이 필요는 대부분 전문가가 끼워 넣고 키워간다. 이 점이 바로 전문가 세계의 이단자를 자처하면서 실제로는 제도에 충성을 다하는 이들이 변명할 때 놓치는 점이다. 그러면서도 그들은 자신들이야말로 잘못된 기술 진보를 바로잡기 위해 대중이 임명한 성직자라고 말한다.

진보를 옹호하는 이들은 마찬가지로 공학은 무엇보다 산업

효율성을 높이는 데 기여해야 한다고 주장한다. 기술 개발과 연구에는 천문학적 예산이 들어간다. 단, 그 연구로 관련 전문가의 힘이 더 커지거나, 연구 결과가 군사적 용도로 쓰여야 한다. 자전거를 훨씬 튼튼하고 가볍게 만드는 합금 소재는 더 빠르고 살상력이 높은 제트기를 연구하다 떨어진 부산물이다. 그런 경우만 빼면 기술 연구에서 나오는 결과는 오로지 산업 도구를 만드는 데로만 응용되어, 그렇잖아도 거대한 기계를 더 복잡하고 다루기 어렵게 만든다. 이렇게 과학자나 공학자에게 치우쳐 있기 때문에 주류 흐름은 더 강화된다. 즉 자율적 행동을 해야 할 필요는 배제되고 상품을 구매할 필요는 커진다. 자율적 도구는 경찰이나 의사, 조사관 같은 전문가의 감독이 아예 필요 없거나 최소로 하여 개인이 사용가치를 만드는 즐거움을 누릴 수 있게 한다. 이런 자율적 도구를 지금은 양극단의 사람이 이용하고 있다. 자전거를 주로 이용하는 두 부류는 아시아의 돈 없는 노동자이거나 미국과 유럽의 부유한 학생 또는 교수들이다. 이들은 아마 자신들이 누리는 게 얼마나 행운인지도 모른 채, 기술에 대한 이 두 번째 환상에서 벗어나 자유를 누리고 있다.

최근에 몇몇 교수 단체와 정부기관, 국제기구에서 소규모 중간기술을 연구하고 발전시키며 이를 옹호하기 시작했다. 이들의 노력은 현재의 기술규약이 더 노골적으로 속물화되는 걸 막기 위한 노력으로 풀이될지 모른다. 하지만 의료, 교육, 또는 주택 등에서 소비자가 스스로 하도록 고안되는 신기술은 상품에 대한 과도한 의존을 다른 식으로 부추기는 대체 모델에 지나지 않는다. 예를 들어 의료 전문가들은 최근 가정용 의약품 상자를 설계했는데, 환자들이 집에서도 전화로 의사의 지시를 받도록 하기 위해서이다. 여성들은 가슴이 얼마나 곪았는지 스스로 측정하는 법을 배운다. 의사에게서 소용도 없는 절개수술을 받기 위해서이다. 쿠바 사람들은 유급 휴가를 받아 조립 주택을 세운다.

매력적이고 유명한 전문가의 상품 가격이 내려가 좀 더 많은 사람이 구매하게 되면서 이제는 가난한 사람과 부자가 비슷하게 되었다. 볼리비아 사람이나 스웨덴 사람이나 한결같이 자신들이 퇴보하고 있으며 혜택도 받지 못하고 혹사당한다고 느낀다. 그래서 그들은 이제 자격증 있는 교사의 지도 없이도 배우고, 의사의 진찰 없이도 건강을 돌보고, 자동차를 타지 않고도 이동하려 한다.

자유와 권리

세 번째로 사람을 무능하게 만드는 환상은 성장에 한계를 긋기 위해서도 전문가에게 기대야 한다는 것이다. 언제든 명령에 따라 필요를 갖도록 사회화된 인구 전체가 지금까지 해온 일이 필요 없다는 말을 듣게 되었다. 수 세대에 걸쳐 가난한 사람이든 부자든 가리지 않고 회계장부와 에너지 소비, 심지어 냄새 제거 방식에도 국제 표준을 적용했던 다국적 기업이 이제는 로마클럽을 지원한다. 유네스코는 고분고분히 그들의 요구를 행동에 옮기고 전문가를 훈련해 그들의 필요를 세계 전역에 배분한다. 부자들은 자신의 이익을 위해 국내에서는 전문가들의 힘이 더 커지도록 비싼 값을 지불하고, 밖으로는 가난한 사람들에게 더 싸고 더 선택의 폭이 좁은 브랜드에 대한 필요를 부여한다. 새로운 전문가 중에서도 가장 영민한 사람들은 희소성이 커질수록 필요에 대하여 더욱 고도의 통제를 할 수 있다는 걸 명확히 파악한다. 최적의 생산을 위한 분산화를 중앙에서 계획하는 일은 70년대 말에 가장 선망 받는 직업이 됐다. 그러나 아직도 인식되지 않는 점은, 전문가가 선포하는 한계를 통해 구원될 수 있다는 이 새로운 환상이 자유와 권리를 혼동하고 있다는 점이다.

이 필요 설계자들이 지역마다 적합하게 고안한 절제의 방식을 설교하기 위해 유엔은 세계를 7대 지역권으로 나누고, 지역별로 파견할 현대의 성직자들을 훈련시켰다. 이들은 각 대륙을 돌며 주민들에게 할당된 생산목표를 달성하자고 국민운동을 벌이고 있다. 어떤 지역에서는 국민총생산량을 높이기 위해 집집이 염소 젖을 더 짜야 한다고 압박한다. 이러한 가혹한 정책 때문에 그전까지 집에서 자유롭게 하던 일은 의무로 바뀌었다.

자율적 생산과 타율적 생산이 상승효과를 내려면 자유와 권리가 사회적으로 균형을 이뤄야 한다. 자유는 사용가치를 생산하도록 사람을 보호하고, 권리는 상품에 접근할 기회를 보장한다. 상품이 사용가치의 가능성을 소멸시키고 인간을 빈곤하게 만드는 부를 생산할 수 있는 것처럼 전문가가 정의하는 권리는 자유를 소멸시키고 인간이 권리에 짓눌려 숨이 막히는 독재체제를 세울 수 있다.

자유와 권리를 혼동하는 모습은 전문가가 건강을 대하는 태도에서 뚜렷이 드러난다. 건강에는 두 가지 영역이 있다. 자유와 권리의 영역이다. 건강이란 사람이 자신의 몸 상태와 자기 몸에 직접 영향을 끼치는 주변 환경을 스스로 조절하는 자율의 영역이다. 다시 말해 건강은 얼마나 자유롭게 사느냐와 같은 말이다. 따라서 보건 정책에 관여하는 사람은 자유로서의 건강을 공평하게 분배해야 한다. 그러한 분배는 조직적이고 정치적인 노력을 기울여 그런 환경을 조성해야 가능하다. 하지만 전문가가 관리하는 건강은 어느 단계를 넘어서면 아무리 공정하게 분배하더라도 자유로서의 건강은 질식된다. 이렇게 근본적인 의미에서 건강은 자유를 얼마나 지켜내느냐의 문제이다.

자명하게도 그러한 건강의 의미는 누구에게도 빼앗길 수 없는 자유를 철저히 고수해야 한다는 점을 암시한다. 이 점을 이해하기 위해서는 시민의 자유와 권리를 구별해야 한다. 정부로부터 제약받지 않고 활동할 자유는 상품과 재화에 공평하게 접근하도록 국가가 보장하는 권리보다 훨씬 광범위하다.

시민의 자유는 내가 하고 싶다고 해서 다른 사람을 강요하지 않는 것이다. 내게는 말할 자유가 있고 의견을 출판할 자유가 있지만, 내 기사를 실으라고 신문사에 강요할 수 없고, 친구에게 읽으라고 요구할 수 없다. 눈앞에 풍경이 아름다워 그림을 그릴 수는 있지만, 미술관에 그림을 사라고 할 수는 없다. 이와 동시에 자유를 보장해야 하는 국가는 권리가 없으면 자유를 누릴 수 없으므로 구성원 모두가 자유를 누릴 수 있도록 동등한 권리를 법으로 보장해야 한다. 권리는 평등에 의미와 현실성을 부여하고, 자유는 해방에 대한 가능성과 그림을 보여준다. 말을 하고, 무언가를 배우고, 자신을 치유하고, 누군가를 보살필 자유를 박탈할 수 있는 확실한 방법 중 하나는 시민의 권리를 시민의 의무로 변형시켜 자유에 한계를 설정하는 것이다. 이 세 번째 환상의 정확한 본질은 사회적으로 권리 추구를 지원하면 자동으로 자유가 보장된다는 믿음을 갖게 하는 것이다. 실제로 전문가가 권리를 정의할 권한을 갖게 되면서 시민의 자유는 사라져버렸다.

4

쓸모 있는 실업을 할 권리

지금은 전문적으로 보증되어 필요가 생겨나는 대로 이내 권리로 전환된다. 매번 권리를 법으로 제정하기 위해 전문가들이 정치적 압력을 행사할 때마다 새로운 상품과 직업이 생겨난다. 새로운 상품이 나오면 그전까지 스스로 문제를 해결하던 행위는 하찮은 것이 되어 버린다. 새로운 직업이 생겨나면 그동안 어딘가에 고용되지 않고도 해오던 일은 불법이 된다. 어떤 것이 좋은 것이고 옳은 것인지, 무엇을 해야 하는지를 판단하는 전문가의 권력은 '보통' 사람이 자신의 판단으로 살아가려는 소망과 의지, 능력을 빼앗는다.

현재 미국에서 법학 대학원에 다니는 학생이 모두 졸업을 하면 변호사 숫자는 기존보다 50퍼센트가 더 증가할 것이다. 그렇게 되면 법률 서비스가 의료 서비스를 보완하고, 법률보험은 현재의 의료보험처럼 필수품이 될 것이다. 시민이 변호사를 찾을 권리가 법적으로 제도화되면, 동네 술집에서 다툼이 생겼을 때 누군가 나서서 말린다면 교양 없고 반사회적인 짓을 하는 꼴이 된다. 집에서 아이를 낳는 행위가 지금 그렇게 되었다. 디트로이트에서는 전기 기술자의 배선공사를 거친 주택에 입주할 권리가 모든 시민에게 법으로 보장되자, 누구든 마음대로 자기 집의 벽에 콘센트를 설치하는 일이 불법이 되었다. 직장 밖에서 일하거나 전문가의 지시 없이 의미 있는 일을 할 자유는 하나씩 사라지고 있다. 이런 문제를 지칭할 이름은 아직 생기지 않았지만, 이 역시 가난의 현대화로 겪게 되는 가장 분노스러운 경험일 것이다. 아마도 지금 사회적 지위가 높은 사람이 누릴 수 있는 가장 큰 특권은 직장에 다니지 않고도 하고 싶은 일을 할 수 있는 자유일 것이다. 이런 자유는 대다수 보통 사람에겐 점점 더 불가능한 일이 되고 있다.

소비자가 보살핌과 상품에 대한 권리를 요구하면 할수록 그 권리는 기업과 전문가의 권리가 된다. 이 권리를 통해 그들은 소비자를 휘어잡고, 그들이 만든 상품을 공급하고, 그 상품을 통해 고용되지 않고도 일을 할 수 있는 환경을 하나씩 지워버린다. 그리하여 비고용 상태에서도 시간과 권한을 자신과 이웃에게 의미 있게 쓰도록 공정하게 분배하라는 투쟁은 어쩔 수 없이 무력화되었다. 급여를 주는 직장에서 벗어나 일을 하는 사람은 무시당하거나 조롱거리가 된다. 인간의 자율적 행위는 고용수준을 위협하고, 사회적 일탈을 일으키며, 국민총생산을 떨어뜨린다. 따라서 그런 행위는 부적절하게 불리는 '노동'일 뿐이다. 노동은 더 이상 인간의 수고나 노력이 아니라, 공장에서 생산적 투자와 어울리지 않게 결합된 기괴한 요소를 의미한다. 노동은 더 이상 노동자가 느낄 수 있는 가치의 창조가 아니라, 주로 사회적 관계인 직업을 의미한다. 무직은 자신과 이웃에게 의미 있는 일을 하기 위한 자유라기보다는 슬픈 게으름이 되었다. 가정을 꾸리고 아이를 키우고 동네일에 관여하는 활동적인 여성은 '노동'하는 여성과 차별된다. 이 '노동'하는 여성이 하는 일이 사회에 쓸모가 없거나 해를 끼치는지는 고려되지 않는다. 조직의 위계질서 밖에서 전문가의 측정 기준을 벗어나 발생하는 인간의 행동과 노력, 성취와 기여는 상품 의존 사회를 위협한다. 전문가의 효율적인 측정에서 벗어나 만들어진 사용가치는 상품에 대한 필요만 줄이는 게 아니라 그 상품을 만들고 상품 구매에 필요한 월급을 주는 일자리를 줄이기 때문이다.

시장 의존 사회에서 중요한 것은 만족을 얻기 위해 들이는 노력이나 그 노력에서 흘러나오는 기쁨이 아니라 노동력을 자본과 결합시키는 것이다. 중요한 것은 일을 하여 얻는 만족이 아니라 생산을 지휘하는 사회관계에서 얻는 직장과 배경, 직책과 승진 등의 지위가 되었다. 중세에는 교회 밖에서의 구원이란 있을 수 없었다. 그래서 신학자들은 누가 봐도 고결하고 성스러운 이교도들과 하느님이 무슨 일을 했는지 해명하느라 애를 먹었다. 이와 비슷하게, 현대 사회에서는 직장 밖에서 사장의 명령 없이 이루어지는 노력은 생산적일 수 없다. 그래서 현대의 경제학자들은 기업의 통제를 받지 않거나, 봉사 단체나 집단 수용소 밖에서도 인간이 쓸모가 있다는 사실을 해명하느라 애를 먹는다. 노동이 생산성을 내고 존경할 만한 가치를 획득하려면 전문가가 노동과정을 계획하고, 감시하고, 감독해야 한다. 그런 노동이라야 표준 방식을 따라 전문가가 공인한 필요를 제대로 만족시킨 노동이라고 입증할 수 있다. 선진국에서는 이제 자율적이면서 의미 있는 일을 하기 위한 조건으로 실업을 선택한다는 건 상상조차 할 수 없는 일이 되었다. 생산에 필요한 도구는 직장에서만 얻도록 사회의 기반시설이 고도로 조직되었다. 그리고 사용가치의 창출을 억누르는 상품 생산의 근원적 독점은 국가가 장악하면서 더 엄격해졌다. 자격증이 있어야만 집에서도 아이를 가르칠 수 있고, 병원에 가야만 부러진 다리를 고칠 수 있다. 집안일, 수공예, 자립농업, 급진기술, 공동학습 등은 게으른 사람이나 비생산적인 사람, 아주 부자이거나 몹시 가난한 사람만이 하는 일로 전락하고 말았다. 상품에 과도하게 의존하여 살 수밖에 없는 사회에서, 실업자는 빈곤층으로 떨어지거나 사회의 부양을 받으며 살아야 한다. 1945년만 해도 미국에서는 사회보장 연금 수령자 1인당 현직 노동자가 35명꼴이었다. 1977년에는 고용된 근로자 3.2명이 은퇴자 한 명을 부양했다. 뿐만 아니라 이 은퇴자는 자신들의 할아버지 세대가 은퇴했을 때 상상할 수 있던 것보다 훨씬 더 많은 서비스에 의존한다.

　미래에는 그 사회의 수준과 문화의 질을 무직자의 사회적 지위로 평가할 것이다. 즉 무직자가 가장 생산적인 시민을 대표하는 사람인가? 아니면 사회의 부양을 받는 사람인가? 다시 한 번 우리에게 닥친 위기이자 선택은 분명해 보인다. 선진국은 60년대의 꿈으로 후퇴하여 국가를 지주회사로 전락시키는 선택을 할 수 있다. 즉 국가를 훌륭한 배급시스템으로 만들어, 갈수록 모자라게 될 상품과 일자리를 잘 배당하고 더 표준화된 상품과 더 무기력한 노동으로 시민을 훈련시키는 것이다. 이 선택은 기본적으로 정도에는 차이가 있다 하더라도, 독일에서 중국까지 현재의 모든 정부가 추진하는 정책에 반영되어 있다. 국가가 부유해질수록 일자리를 분배하고 노동시장의 크기를 위협할지 모를 쓸모 있는 실업을 막는 게 시급해진다. 물론 정반대의 길도 앞서 말한 것과 마찬가지로 가능하다. 절망하던 노동자들이 대중의 자유를 보호하기 위해 조직되어, 상품 생산으로 이어지는 활동을 벗어나 쓸모를 발휘하는 사회가 되는 것이다. 그러나 다시 한 번 강조하면, 우리 사회의 대안은 평범한 사람들이 전문가

가 끼워 넣는 필요에 부딪힐 때마다 합리적으로 생각하고 부정

하는 능력에 달려 있다.

5

적들의 반격

오늘날 전문가 권력은 분명히 위협받고 있다. 그들이 만들어 내는 반생산성이 명백한 증거이다. 사람들은 전문가의 패권 때문에 자신들이 정치에 참여할 권리를 박탈당했다는 걸 알기 시작했다. 필요를 정의하고 상징의 힘을 동원해 인간 안에 있는 능력을 뽑아버리는 전문가 권력은, 필요를 제공하는 데만 국한되었던 그들의 기술적 능력보다 더 위험해 보인다. 하지만 한편에서는 전문가가 지배하는 이 시대를 넘어서도록 우리를 인도할지 모를 법률 제정을 요구하는 목소리가 들려오고 있다. 전문가와 관료로 이루어진 기존의 자격증 심사 위원회를 소비자 대표로 구성된 기구로 대체하라는 요구, 약국의 처방 규칙과 교과 과정 그리고 대형 슈퍼마켓의 특혜를 완화하라는 요구, **생산적** 자유를 보장하라는 요구, 자격증 없이도 일을 할 수 있는 권리에 대한 요구, 영리 목적의 모든 의사를 고객이 평가하도록 지원하는 공공기관을 설립하라는 요구 등이 터져 나오고 있다. 이런 위협에 처하자 주요 전문 기관들은 무너져가는 권력과 합법성을 지탱하기 위해 다음과 같은 세 가지 기본 전략을 구사하고 있다.

자신을 채찍질하는 창녀

첫 번째 전략은 로마클럽이 대표적으로 보여준다. 피아트, 폭스바겐, 포드 등의 자동차 회사들은 경제학자나 생태학자, 사회 통제 전문가들에게 연구 비용을 지급하고, 산업 시스템을 강화하기 위해서 생산을 중단해야 할 산업 분야가 무엇인지 조사하게 했다. 코스 클럽Club of Kos 소속 의사들은 지금까지 암을 치료하기 위해 해왔던 외과수술, 방사능 치료 그리고 화학요법이 환자의 생명을 연장하지 못하고 고통만 가중시키므로 폐기해야 한다고 조언한다. 변호사와 치과의사들은 이전과 달리 자신들의 전문성과 도덕성, 그리고 수임료를 스스로 평가하겠다고 약속한다.

이런 다양한 접근을 보면, 이들 전문가와 단체들이 미국변호사협회나 영국의사협회 그리고 여러 단체의 권력 중개인에게 도전을 거는 것처럼 보인다. 이들의 주장은 다음과 같은 이유로 급진적으로 보인다. 1) 그들의 동료 대다수가 손해를 입을지 모를 조언을 소비자에게 해준다. 2) 보통 사람들이 병원이나 대학교, 경찰서에 가서 어떻게 행동해야 하는지 알려준다. 3) 간혹 청문회에 나가 전문가의 제안이나 대중의 요구가 알고 보면 쓸모없는 것이라고 증언한다. 예를 들어 캐나다 서부 지역의 어느 주에서는 의사들이 의회에서 예산 증감을 검토 중인 20여 가지 의학 처방을 평가하고 보고서를 제출했다. 그들은 높은 비용이 책정된 이 처방들이 환자를 고통과 위험에 몰아넣으며 아무도 그 효력을 입증할 수 없다고 지적했다. 그들의 조언에 따라 법안은 잠시 보류되었지만 결국 통과되고 말았다. 이런 실패로 인해 사람들은 전문가의 횡포에 맞서기 위해서는 **전문가**의 보호가 필요하다는 신념을 다시 굳히게 된다.

전문가들의 자체 감시는 사람 잡는 외과의사든 뻔뻔한 사기꾼이든 형편없이 무능한 전문가를 가려주므로 원칙적으로는 유용하다. 하지만 우리가 누차 보았듯이 전문가의 자기 규제는 오로지 무능한 전문가를 보호하고 대중이 서비스에 더 의존하도록 만든다. 이 '비판적 의사', '급진적 변호사', '공공 건축가'들은 자신들보다 변화에 둔감한 동료들로부터 고객을 가로채는 것이다. 과거의 직업인들은 가난한 이들의 교육, 윤리, 그리고 직업 훈련을 책임지겠다고 약속하면서 자신들의 서비스에 대한 필요를 팔고 다녔다. 현대의 막강한 전문가들은 생태적, 경제적, 사회적인 규제에 대한 높은 의식을 과시하는 클럽을 조직하여 대중을 인도하고 심지어는 무력하게 만드는 게 자신의 합당한 의무라고 주장한다. 그런 방식은 전문가 영역이 더 확장되는 것을 막기는 하지만, 그 영역 안에서 사람들의 의존은 더 심해진다. 전문가에게는 대중을 위해 봉사할 **권리**가 있다는 개념은 매우 최근에 생긴 것이다. 그렇게 집단의 권리를 확고히 하고 합법화하는 전문가의 몸부림은 사회에 가장 억압적인 위협 요소가 되었다.

장사꾼들의 동맹

전문가의 두 번째 대응 전략은 그들의 주장에 의하면 인간 문제의 다면적 특성에 더욱 충실하기 위해 다양한 전문가를 조직하고 조율하겠다는 것이다. 이 전략은 시스템 분석과 수리모형 이론에서 빌려온 개념을 활용해 더욱 전국적이고 광범위한 해결 방법을 추구한다. 이것이 실제로 무엇을 의미하는지는 캐나다의 사례를 보면 알 수 있다. 몇 년 전, 캐나다 보건장관은 의사들에게 많은 돈을 투자한다고 사망률과 질병률이 낮아지는 것은 아니라고 국민을 설득했다. 그는 조기 사망의 원인에 대해 다음 세 가지가 압도적이라고 지적했다. 대부분이 자동차 충돌인 교통사고, 의사들이 손쓸 수 없는 병으로 유명한 심장병과 폐암, 그리고 자살이나 살인이다. 이 세 가지는 모두 의사의 영역을 벗어난 현상이다. 보건장관은 보건 정책을 전면 개편하고 기존 의료계에 대한 지원을 줄여야 한다고 주장했다. 그래서 파괴적인 생활 습관과 캐나다 특유의 환경 때문에 생겨난 환자들을 보호하고 회복시키고 위로하는 임무를, 과거와 현재를 통틀어 나올 수 있는 온갖 전문가가 맡게 되었다. 이제부터는 건축가들도 캐나다인의 건강을 향상할 임무가 자신들에게 있다고 생각하게 되었고, 애완견을 관리하는 일은 갑자기 여러 분야가 협력하는 새로운 전문 영역이 되었다. 이 새로운 기업형 생명통치는 과거에 어떤 치료정치도 상상할 수 없을 만큼 속속들이 캐나다 국민의 신체를 통제하기 시작했다. 결과적으로 '건강은 건강할 때 지키라'라는 표어는 새로 나타난 사기꾼들의 장사 방식이었다는 것을 알 수 있다.

미국의 의약 처방도 비슷한 양상을 보인다. 미국에서는 수년간 종합적인 질병 처방에 막대한 예산을 썼지만 뚜렷한 효력이 나타나지 않았다. 1950년, 평균 수준의 직장인은 한 해 동안 2주치의 급여를 병원비로 지출했다. 1976년에 이 비율은 5주 내지 7주까지 올라갔다. 포드 자동차 한 대를 사면 자동차 재료인 금속에 돈을 지불하는 게 아니라 공장 노동자의 위생 환경을 개선하는 데 돈을 주는 꼴이 되었다. 이렇게 많은 노력과 비용을 들였지만 지난 백 년간 미국 **성인** 남성의 평균 수명은 눈에 띌 만큼 연장되지 않았다. 오히려 최근 20년간 조금씩 짧아지다가 지금은 대다수 가난한 나라의 평균에도 못 미치게 되었다.

질병 치료가 향상되는 지역을 살펴보면, 사람들이 건강한 방식으로 생활하고 특히 건강한 식사를 하는 곳이다. 미약하지만 예방접종이나 항생제, 피임약이나 카먼 튜브[1]는 특정한 질병을 약화시키는 데 기여했다. 그러나 그런 처방이 효력이 있다고 해서 전문가의 서비스를 받는 게 당연해지는 것은 아니다. 전문가의 의료 서비스와 밀접히 결합한다고 해서 더 건강해지는 것은 아니다. 그런데도 '급진적' 의사의 대다수가 생명통치를 더 강화해야 한다고 요구한다. 그들은 이렇게 합리적인 '문제-해결' 방식이 좀 더 정교한 또 다른 소수 집단 우대정책에 불과하다는 사실은 모르는 것 같다.

고객을 전문가로 만들라

지배적 위치의 전문가들이 살아남기 위해 채택한 세 번째 전략은 최근에 유행한 진보의 흐름이기도 하다. 60년대에 개발 숭배자들이 집집마다 밀려온 풍요를 찬미하며 돌아다닐 때, 이 새로운 신화의 생산자들은 고객이 전문가가 되어 스스로 문제를 해결해야 한다고 열변을 토했다.

1965년 이후 미국에서만 환자 스스로 병을 고치는 방법에 관

---

1 Karman tube. 미국의 심리학자 하비 카먼Harvey Karman이 1970년대 초에 발명한 관으로, 낙태 시술에 널리 쓰였다. 자궁의 내용물을(따라서 태아까지) 빨아내는 '진공흡인술'에 썼는데, 부드러운 관으로 만들어 자궁에 구멍을 낼 위험을 줄였다고 한다.

한 책이 2,700여 종이나 쏟아졌다. 그런 책을 읽으면 의사는 정말로 필요할 때만 만나면 된다. 어떤 책에서는 적합한 훈련과 시험을 통과해 자가치료 과정을 이수한 사람에게만 아스피린을 구매할 권리와 아이에게 복용시킬 수 있는 권한을 주자고 제안했다. 또 어떤 책에서는 치료 전문가가 된 환자에게는 병원비와 의료 보험료에 특혜를 주자고 제안했다. 이렇게 되면 가내 출산 자격증이 없는 여성은 병원 밖에서는 아이를 낳을 수 없다. 그렇게 했다가는 자격증이 있는 산모가 그들을 불법 의료 행위로 고소할 수 있기 때문이다. 그런데 출산 자격 같은 '급진적' 제안은 의료계보다 오히려 페미니스트들로부터 나왔다.

평범한 사람들 속에 필요의 위계질서를 세우겠다는 꿈을 꾸는 전문가들이 자조自助의 깃발을 높이 들고 나아간다. 60년대를 풍미했던 개발 전문가는 사라졌지만, 자조의 전문가라는 새로운 전문가 부족이 출현했다. 그들의 목표는 고객을 모두 전문가로 만드는 것이다. 지난 가을, 멕시코로 몰려갔던 미국의 빌딩 전문가들이 이 새로운 운동의 사례일 것이다. 2년 전 보스턴의 건축 교수가 멕시코로 휴가를 오게 되어 내 친구가 공항으로 마중을 나갔다. 공항 주변에는 지난 20년 동안 신도시가 생겨났다. 움막집 몇 채뿐이던 마을이 케임브리지나 매사추세츠 주의 세 배가 넘는 공동체로 커졌다. 건축가였던 친구는 미국 교수에게 이 공동체의 농부들이 얼마나 창의적인지 보여주고 싶었다.

농부들은 가지고 있는 것만을 활용해 어떤 건축학 교재에도 나오지 않는 독특한 형태와 구조로 저마다 다른 집을 수천여 채 지었다. 이 교수에게는 자신의 동료 교수가 이곳에 와서 수백 통의 사진을 찍고 갔다는 사실은 이미 놀랄 일도 아니었을 것이다. 그들에게 이런 집은 200만 명 규모의 빈민촌을 돌아가게 하는 놀라운 아마추어 발명품이다. 이 사진들은 케임브리지 대학에서 분석했다. 그리고 새로이 등장한 미국의 공동체 건축 전문가들은 그해 말 멕시코의 네자 시로 몰려가 주민들에게 문제와 필요, 해결을 가르치느라 분주해졌다.

6

·

현대의 자급

전문가가 공인해주는 필요와 결핍, 가난의 반대는 현대의 자급
자립이다. 지금은 '자급 경제'라는 말을 시장 의존 사회의 언저
리에서 공동체가 생존해가는 것을 통칭할 때 쓰게 되었다. 이 공
동체의 사람들은 전통적 도구를 이용해 필요한 것을 만들고, 과
거로부터 이어져왔지만 종종 입증되지 않은 사회 조직 안에서
살아간다. 나는 현대의 자급에 대하여 말함으로써 이 용어를 다
시 살려내자고 제안한다. 후기 산업사회에 확립될 삶의 양식을
현대의 자급이라 부르기로 하자. 이 사회에서는 정치적 수단을
통해 전문적 필요 생산자들에 의해 측정되지도 않고 그들이 측
정할 수도 없는 사용가치를 만드는 데 도구와 기술이 주로 쓰이
도록 사회 기반시설을 보호한다. 그리하여 시장 의존을 줄이는

데 성공한 사회이다. 나는 다른 책[1]에서 그런 도구에 대한 이론을 발전시키면서, 사용가치를 지향하여 제작된 인공물을 지칭하기 위해 '공생의 도구'라는 말을 제안했다. 나는 정치적 행동으로 일구어낸 '함께하는 절제'로 그런 기술을 공평하고 자유롭게 사용할 때, 현대화된 가난을 뒤집을 수 있다고 말했다.

산업적 도구 대신 자율적 도구로 현대 사회를 재편한다는 것은 사회 정의를 세우는 저항에서 강조점을 이동해야 한다는 것을 의미하며, 새로운 종류의 분배를 들고 참여적 정의를 일궈야 한다는 것을 암시한다. 산업사회에서 개인은 극단적인 전문화로 훈련된다. 그들은 자기 욕구를 표현하지도 못하고 만족시키지도 못하는 불능 상태가 되어버린다. 그들은 처방을 내리는 관리자와 상품에 의존한다. 필요를 진단 받고 치유 받을 권리, 총칭하여 상품을 분배 받을 권리는 윤리와 정치, 법률 분야로까지 퍼진다. 귀속된 필요에 대한 권리가 강조되면 스스로 배우거나 치유하고 이동할 자유는 위축되다가 끝내는 부서지기 쉬운 사치품이 되어버린다. 산업사회 이후에 도래할 함께 사는 사회에서는 그 반대가 실현될 것이다. 개인이 자유를 행사하도록 권리를 보장하는 게 급진 기술에 기반한 사회에서 가장 중요한 관심사가 될 것이며, 과학과 기술은 사용가치를 좀더 효율적으로 만

---

1 원주) 『공생을 위한 도구』, 1973.

드는 데 사용될 것이다.

분명한 것은 그렇게 자유가 공정하게 분배되어도 천연자원과 도구, 공공시설에 대한 권리가 공평하게 분배되지 않으면 아무 의미가 없을 것이다. 식량과 연료, 신선한 공기, 삶의 공간은 전문가가 만드는 필요와 상관없이 분배되지 않으면 망치나 일자리보다도 공정하게 분배될 수 없다. 다시 말해 젊은이나 노인, 장애인이나 대통령 모두에게 평등하게 **최대치**가 배분되어야 한다. 생산적인 자유를 실현할 수 있도록 누구에게나 현대적이고 효율적인 도구가 공평하게 보장되는 사회는 그 자유의 바탕이 되는 상품과 자원이 모두에게 공평하게 분배되지 않고는 존재할 수 없다.

일리치를 읽는 것은 우리를 강하게 한다

———◆———

볼프강 작스

1972년 12월 31일. 한겨울의 태양이 뜨겁게 내리쬐는 날이었다. 웃자란 바나나 나무의 무성한 이파리들이 우리의 오렌지 주스가 놓인 나무 테이블 위로 아보카도 나무들과 함께 그늘을 드리우고 있었다. 쿠에르나바카의 언덕 너머로는 저 멀리 눈 덮인 포포카테페틀 산의 화산 봉우리가 시야에 들어왔다. 우리는 나무들 사이로 '카사블랑카' 입구를 응시했다. 도서관과 세미나실들, 그리고 문화교류문헌자료센터(CIDOC: Centro Intercultural de Documentacion)의 아늑한 안마당을 포함하고 있는 저택이 그렇게 불리는 것은 사실 아이러니였다. 혹시라도 그와 우연히 마주칠 수 있으려나? 그런 생각이 들고 얼마 지나지 않아서였다. 높이가 1미터는 됨 직한 책 더미를 턱과 양손 사이에 받쳐 들고 빌라 건물로 힘겹게 발걸음을 옮기는 한 남자를 우리는 금방 알아볼 수 있었다. 그리고 어느 틈에 그는 우리와 자리를 함께하고 있었다. 판초 자락을 어깨너머로 휙 넘기면서 한 치의 망설임 없이 우리의 대화 사이로 비집고 들어왔다. "산업 성장이 스스로 제 무덤을 팠을 리는 없지 않겠습니까?" 일리치는 본질적으로 자동차가 많아지면 다 같이 천천히 달릴 수밖에 없다는 전제, 즉 양적으로 임계점이 결정된다는 전제를 따르고 있었다. 그는 두 눈을 반짝이면서 속사포처럼 문장을 쏟아냈다. "진보란 알고 보면 자기기만에 불과하다는 것을, 우리는 시위를 통해 보여줄 수 있어야 해요!" 그는 커다란 손으로 손짓을 해가며 정교하게 다듬은 표현들을 선보였다. 우리가 질문할 틈 같은 건 없었다. 그는 장난기 가득하면서 뭔가 꿍꿍이가 있어 보이는 웃음을 지어 보였다. 이것이 나와 이반 일리치의 첫 만남이었다.

물론 그날의 조우가 마지막 만남일 리는 없었다. 그날 이후, 산책과 대화, 학회와 식사 등 일리치와 만남이 수도 없이 계속해서 이어졌고, 그렇게 30여 년이 흐른 후 나는 브레멘에서 그의 또 다른 친구들과 함께 밤을 지새우며 그의 병상을 지켰다. 일리치는 어떤 종류의 인간이었을까? 그의 살아생전에 누군가 삶의 근원과 이유에 관해 물었다면, 그는 가톨릭적 겸양과 유대교의 기민함이 어우러진 태도로 암시와 비유를 섞어가며 대답했을 것이다. 역사적 분석에 있어서는 한 치의 오차도 없는 정확성을 추구했을 것이고, 자신의 전기적 정보에 대해서는 시종일관 애매모호한 태도를 유지했을 것이다. 담백하게 있는 그대로 이반 일리치에 대해 이야기해보자면 다음과 같다.

이반 일리치는 1926년, 쇠락한 합스부르크 제국의 중심지였던 빈에서 태어났다. 오스트리아인 어머니는 명망 있는 집안 출신이었고, 크로아티아인 아버지는 외교직에 종사했다. 1943년 일리치는 점점 고조되는 나치의 박해를 피해, 어머니와 두 형제를 데리고 이탈리아로 피신했다. 그 후 로마에서 철학과 신학을 전공하고 사제 서품을 받은 뒤, 유럽에서 근무하려던 계획을 바꾸어 뉴욕으로 건너갔다. 그리고 그곳에서 갓 이주해온 푸에르토리코인들을 돌보는 사제로 봉직했다. 자신부터가 두 문화 사이의 경계인이었던 일리치는 북아메리카와 남아메리카 사이에 상충하는 깊은 문화적 모순들을 경험했다. 이 경험을 바탕으로 푸에르토리코 가톨릭 대학교 부총장직을 수행하고, 1966년에는 멕시코에 문화교류문헌자료센터CIDOC를 설립했다. 이 센터를 설립하면서부터 그는 교육, 에너지, 교통, 의학, 노동, 매스미디어 등 산업사회를 비판하는 저작을 쏟아내기 시작했다. 이 저작들은 거의 대부분이 세계 문화를 장악한 서구의 헤게모니를 다루고 있다. 그는 서구의 사회제도뿐 아니라 그 세계관이 내적으로는 인간에 대해서, 외적으로는 자연에 대해서 얼마나 취약한 토대 위에 있는지를 증명하는 데 주력했다. 1976년 문화교류문헌자료센터를 폐쇄하고 나서는 미국과 독일, 멕시코 등지에서 강연을 하며 '유랑하는 지식인'으로 살다가 2002년 독일 브레멘에서 숨을 거두었다.

논쟁적으로 가장 첨예했던 그의 테제들은 1970~1980년대 전 세계 사회참여적인 그룹들의 일상적인 토론에 단골 주제로 등장하곤 했다. 샌프란시스코와 파리, 도쿄 등 산업화한 여러 도시들에서는 광범위한 독자층이 형성되었다. 그를 개인적으로 만나게 된 사람은–전기 작가인 마르티나 칼러가 강조한 것처럼–"빛나는 생기발랄함과 전설적인 카리스마", 그리고 그의 명성에도 상당 부분 기여한 그의 성격 등에 단숨에 매료되는 제물이 되곤 했다. 그는 20세기의 가장 탁월한 사상가 중 한 사람이었다. 하지만 그의 카리스마도 그의 절망을 은폐하지는 못했다. 그는 사고에 있어서는 지난 세기 비극과 승리의 역사에 자극받았지만 태도와 행동에 있어서는 숨길 수 없는 혼란과 암담함이라는 측면에서 21세기적인 사람이었다. 나치 독일 치하의 빈에서 태어난 절반의 유대인으로서 적대감을 경험하고 로마의 그레고리안 대학교에서 스콜라 철학의 사상 훈련을 받았던, 또한 푸에르토리코와 멕시코 토착민들의 삶의 세계에 매료된 동시에 산업경제에 기여하는 미국식 해외 선교활동에 경악하며 남아메리카의 해방운동에 고무되었던, 아울러 포스트모던의 부도덕에 분노하다가 결국 삶의 마지막 순간에는 건강한 생태국가를 지향한다는 의료 시스템에 저항한 이반 일리치는, 기꺼이 '현대'라고 불리기 원하는 이 사회의 목격자인 동시에 기본과 원칙에 충실한 교관 같았다.

그렇다면 오늘날 우리는 왜 일리치를 읽어야 할까? 이에 대해서는 매우 간단한 대답과 복잡한 대답이 모두 가능하다. 우선 간단한 답을 하자면, 일리치는 농경문화에서 산업사회로의 전 지구적 변화를 성찰하고 있기 때문이다. 지난 세기의 역사학자인 에릭 홉스봄의 말을 빌리자면 농경문화의 죽음은 곧 20세기 후반부의 극적인 사회 변화로 이어졌으며, 이러한 격변으로 인해 현대 세계는 과거와 영원히 결별하게 되었다. 또한 이러한 격변은 인류의 대다수가 수천 년간 농경과 수렵·채집 등으로 생계를 해결하며 지속해온 문화적 진화에 종지부를 찍게 했다. 일본과 유럽이 일찌감치 농업에서 손을 떼자, 1960년대의 라틴아메리카와 아시아의 여러 나라들이 이들의 선례를 따르기 시작했다. 일리치는 이러한 격변을 직접 경험했다. 뉴욕에서는 카리브해 이주민들을 돌보는 사제로 일했고, 푸에르토리코에서는 교육에 종사했으며, 멕시코에서는 토착민들의 문화에서 생존 투쟁을 배우고, 라틴아메리카 버스 여행과 아프리카 도보 여행을 통해서는 시대상의 충돌을 생생하게 접했다.

오늘날 현대화에 대한 수많은 이론가들처럼 일리치 역시 이 격변 속에서 인류의 진보를 발견하기는 여의치 않았다. 오히려 그는 격변 속에서 '인간의 조건conditio humana'이 변화되었음을 깨닫게 되었다고 판단했다. 그가 생각하기에 이제까지의 인류 역사는 독립적이면서 저마다의 고유성을 지닌 문화형식들을 도출해온 것이었다. 하지만 이제 일리치도 보편적인 요구에 따라, 초대형 기계의 냉혹한 우세함을 기록할 수밖에 없었다. 대량 생산, 그리고 거의 모든 유기체에 대한 전문적 설계를 목적으로 하는 초대형 기계 말이다. 그 결과 일리치의 세계적 베스트셀러인『학교 없는 사회Deschooling Society』나『의학의 응보Medical Nemesis』같은 책은 배우고, 걷고, 살아가고, 서로 돌보거나 대화하는 인류 본연의 행위를 지켜내려는 변론이며, 학교, 교통, 위성 도시, 대형 병원, 매스미디어 등에 의해 가능해진 대량 생산으로의 변화에 대한 반론으로 읽힐 수 있다. 그 스스로 규정한 개념으로 요약해보자면, 일리치의 저작은 침몰하는 비산업적 문화의 세계에 바치는 분명하게 의도된 애도사이다.

이런 맥락에서 보면, 앞서 언급된 저작을 이렇게 읽을 수 있을 것이다.『누가 나를 쓸모없게 만드는가』는 시민들의 자발적인 행동 능력을 빼앗아간 산업 시스템에 대한 신랄한 비판이다. 산업 시스템이 걷잡을 수 없이 성장하면서, 기계화와 분업화를 통해 가능해진 생산성이라는 이윤을 노동 외 시간으로 변환시키는 데 실패하고 결국 계속적인 경제 성장이 이어지게 되었다. 19세기에 그토록 찬미하던 '해방된 인간'은 어디에 남아 있는 걸

까? 향상된 생산성은 서비스 산업이라는 결과를 낳으면서, 인류의 임금노동 시간을 줄이고 인류에게 시간에 대한 더 많은 주도권을 줄 수 있게 되었다. 이것이 노동사회의 첫 번째 타락이다. 두 번째 타락은 지체 없이 찾아왔다. 인류는 노동 외 시간에 무엇을 하게 되었을까? 옛날에, 즉 20세기 중반까지만 해도 마을과 공동체, 민속 문화 같은 것이 여전히 존재했다. 그때만 해도, 농가에서의 수공업과 예술 작품 등, 임금노동과는 다른 유용한 작업을 여전히 생각할 수 있었다. 하지만 오늘날의 임금노동 건너편에는 핵가족만이 존재할 뿐이다. 과거의 공동생활은 흔적으로만 남아 있다. 재화와 임금노동이, 한때는 자발성과 협업으로 가능했던 거의 모든 것을 집어삼켰다. 하지만 산업 시스템이라는 결과를 가져온 이 거대한 분업화가 일리치에겐 무의미한 것이었다. 그는 현대의 노동공동체에서 노동사회의 타락에 대한 책임을 찾고 있다. 그가 우려하는 것은, 산업 시스템이 다시 방향을 돌릴 수밖에 없었던, 막다른 골목이었다. 일터가 더 이상 작동하지 않고 그 역할을 할 수 없게 된다면 어떻게 될까? 혹은 산업 시스템이 자연의 한계에 부딪혀 탈산업화를 선고받는다면 어떻게 될까?

　하지만 일리치는 세계고世界苦의 상실감에 머물지만은 않았다. 오히려 그는 일관된 공격의 자세를 취했다. 따라서 일리치의 현재적 의미를 묻는 질문에 대해, 시대의 변화에 대한 그의 대응을 참고삼아 보다 상세한 답을 해보자면 다음과 같다. 그는 전통 사회의 문화를 애도하면서 좋든 싫든 산업적·경제적 오만함으로 부상한 탈산업화한 세계를 예견하고 있었다. 왜냐하면 그는 향수에 젖어 현대화의 과정을 한탄하는 대신, 그 스스로 미래를 준비할 능력이 전혀 없다는 자각에 이르렀기 때문이다. 그러는 사이 표면적으로는 이러한 진단이 상식이 되어갔다. 충격적인 기후 변화와 피크 오일, 자연 파괴의 시대에 잘 벼려진 검으로 현대화 과정을 변론하는 사람은 더 이상 존재하지 않게 되었다. 폭풍우를 동반한 21세기의 구름이 이미 예측할 수 없이 다가오고 있었다. 하지만 일리치에게 인류 서식권의 위기란 일종의 징후에 불과했다. 그가 파악하는 위기는 무한성의 오만함에 뿌리를 두고 있었다. 중기 저작에 이르기까지 그는 현대 제도와 그 전문가들을 염두에 두고 인류 능력의 한계를 인정하는 모든 이기利器에 대한 거부를 기록했다. 그리고 그는 학교와 교통, 의료 제도 등이 이미 오랫동안 너무 오만했던 나머지 오히려 역효과를 낸다는 점을 포기하지 않고 증명하려 했다. '자율적 공생' 혹은 '공생의 도구'에 대한 보론 혹은 후기로 여겨지는 '창조적 실업useful unemployment'의 관점에서 그는, 절제의 사회와 자율적 공생의 기술이 어떤 전환점을 가져올지도 모른다는 희망을 끝까지 버리지 않고 추적했다.

그럼에도 그는 말년에 이르러 강조하기를, 탐욕이 이미 '성장', '발전', '노동', '삶', '건강' 같은 개념의 의미를 추월하여 인간 정신의 기본 전제가 되기 시작했다고 지적했다. 이 모든 개념들이 살과 피가 있는 사람을 필요에 따라 아무렇지 않게 무시하는 시스템을 키우는 데 총체적으로 기여해왔기 때문이다. 그의 눈에는 인간을 둘러싼 물리적 환경뿐만 아니라 인간의 정신에 중요한 힘의 문제에 있어서, 수단이 점점 더 목적을 제압하는 것처럼 보였다. 그런 점에서 일리치에게는 자연의 위기만이 문제가 아니었다. 자연의 위기는 오히려 사회적·윤리적 위기의 한 부분이다. 바꾸어 말하면 자연환경만 사라지고 쇠퇴하는 게 아니라, 인류의 공생과 개인의 책임이 꽃피우는 환경 조건 역시 쇠퇴하고 있다는 것이다.

중국이나 인도 같은 거대 국가들이, 세계와 지구에 심각한 소용돌이를 몰고 올 가속도로 움직이기 시작하는 것을 목격하고 있다면, 21세기라는 보다 가혹한 시대로의 진입을 함께해줄 여행의 동반자로 일리치를 추천한다. 그는 녹색 기술과 녹색 경제학만이 문제가 아니라, 인류 상호간의 연대와 개인 차원에서는 절제와 중용을 등한히 하지 않는, '성장으로부터의 해방'이 전 지구적 차원에서 이뤄져야 함을 상기시킨다.

일리치에게 있어서 문화의 기술이란 모든 경계들을 사랑스럽게 만드는 데에서 그 의미를 찾을 수 있다. 산업주의의 몰락 이후 그에게는 이보다 중요한 것은 없게 되었다. 그리하여 그의 에세이를 읽을 독자를 위해 그는, 세계를 구하기 위해서만이 아니라 우리 스스로를 구원하기 위해, 독자들의 취향에 맞게 상당히 다양한 종류의 발자취를 남겨놓았다. 그는 민주주의에서 권력을 위임하는 기술에 대한 탐구와 함께 소형화와 네트워크 형성보다 미리 앞서서, 우정이 한 사회를 가장 내밀하게 결속시킬 수 있다는 성찰을 보여주었다. 인간의 소박한 품행과 처신에 대한 그의 찬사는 내가 겪은 그의 용모와 성격을 그대로 보여준다. 일리치를 읽는 것은 우리의 눈을 밝게 할 뿐만 아니라, 우리를 강하게 한다.

2014년 9월 베를린
볼프강 작스

—————

한국어판 추천사를 쓴 **볼프강 작스**Wolfgang Sachs는 독일의 사회학자이며 신학자, 환경운동가이다. 독일 그린피스 의장, 정부간 기후변화 전문위원회 위원, 로마클럽 회원을 지내고, 현재는 베를린에 있는 부퍼탈 기후환경 에너지 연구소 선임연구원이며 카셀 대학 명예교수이다. 작스는 20대 중반 학생 시절에 일리치를 처음 만나『학교 없는 사회』에 대한 "견실하고도 훌륭한 비판 논문을" 썼다. 일리치는 작스의 비판을 계기로 학교라는 제도를 비판하던 데서 교육이라는 개념을 분석하는 방향으로 근본적 관심사를 이동하게 되었다. 이후 30여 년간 일리치와 우정을 나눈 작스는 일리치가 죽는 날까지 가장 가까운 친구이자 긴밀한 협력 연구자였다. 볼프강 작스가 엮고 주요 저자로 참여한『개발 사전 *The Development Dictionary: A Guide to Knowledge as Power*』(1992)은 개발 분야 연구의 '고전'으로서 여러 나라 말로 번역되었고, 2010년에 개정판이 출간되었다(국내에서는『反자본 발전사전』이란 제목으로 2010년 아카이브에서 역간). 이 밖에 그의 저서로『행성 변증법: 환경과 발전의 탐험 *Planet Dialectics: Explorations in Environment and Development / Der Planet als Patient: Über die Widersprüche globaler Umweltpolitik*』(1999 / H.D. Heck와 공저, 1994),『공정한 미래: 자원 분쟁, 안전, 글로벌 정의 *Fair Future: Resource Conflicts, Security, and Global Justice*』(T. Santarius 등과 공저, 2007) 등이 있다.

—————

볼프강 작스의 독일어 원문을 우리말로 옮긴 **이현정**은 연세대학교 독어독문학과와 동 대학원을 졸업했다. 출판 기획편집자와 전문 번역가로 일하며 SBI(Seoul Book Institute)에서 '번역문 다루기' 강좌를 맡고 있다.

이반 일리치 연보

—— • ——

1926. 9. 4 오스트리아 빈에서 1차 세계대전과 2차 세계대전 사이, 아리아인 아버지와 유대인 어머니 사이에서 태어났다. 아버지 피에로 일리치Piero Illich의 집안은 유서 깊고 부유한 가문으로, 달마티아에서 포도주와 올리브 오일을 대규모로 생산했다. 일리치는 태어난 지 한 달 후, 할아버지가 있는 달마티아 섬에 보내져 어린 시절을 보냈다.

1932(6세) 어머니는 당시 유고슬라비아에 번지고 있던 반유대인 정서를 피해 달마티아를 떠나 세 아이를 데리고 빈으로 이주했다. 그 뒤 일리치와 쌍둥이 두 남동생은 영영 아버지를 보지 못하게 되었다. 유년기부터 중부 유럽을 옮겨 다니며 성장한 일리치는 '여기가 내 집'이라고 부를 만한 장소 없이 평생

전 세계를 떠돌며 살았다. 이때까지 그는 학교교육은 거의 받지 않고 자랐지만, 여섯 살 때 프랑스어, 이탈리아어, 독일어를 함께 쓰고 있었으며, 여덟 살 때 세르보-크로아티아어를 배우기 시작해 이후 그리스어와 라틴어, 스페인어 그리고 힌디어를 익혔다.

1938 (12세) 독일이 오스트리아를 합병했고 빈은 나치에 점령당했다. 빈에 있던 외할아버지의 대저택도 나치에게 빼앗겼다. 이 무렵 아버지의 사망 소식을 들었다.

1942 (16세) 어머니와 동생을 데리고 이탈리아 피렌체로 피신했다. 고등학교에서 이탈리아 나치 저항 운동의 "작은 역할"을 했다. 중등교육을 마치고 피렌체 대학교에서 결정학結晶學 과정을 수료했다.

1943(17세) 신학을 공부하기로 결심하고 로마로 향했다. 로마 그레고리오 대학교에서 철학과 신학을 공부했다. 그가 전공한 신학은 교회학 중에서도 예전학禮典學이었다. 일리치에게 대학 학위는 파시스트 정권 하에서 신분 보장을 위한 방편이었다.

1946 (20세) 그레고리오 대학교를 졸업한 후 로마노 구아르디니Romano Guardini의 종교적 동기의 바탕에 집중하여 석사과정을 시작했다. 동시에 오스트리아의 잘츠부르크 대학교에서

토인비에 대한 연구로 박사학위를 취득했다.

1951 (25세) 로마에서 사제 서품을 받았다. 그의 첫 미사는 초기 그리스도교인들이 박해를 피해 숨었던 지하묘지 카타콤 Catacomb에서 열렸다. 일리치는 촉망받는 사제였고 로마 교황청 국제부 근무가 예정되어 있었다. 하지만 그는 교회의 관료 제도 속으로 들어가길 원치 않았다.

같은 해, 프린스턴 대학교에서 알베르투스 마그누스Albertus Magnus의 연금술에 대한 박사과정을 밟기 위해 뉴욕으로 향했다. 뉴욕에 도착한 첫날, 할아버지의 친구들로부터 뉴욕에 급증하는 푸에르토리코 이민자들의 이야기를 듣고 난 후 프랜시스 스펠먼Francis Spellman 추기경에게 푸에르토리코인 정착지의 교회로 배치해주기를 청했다. 젊은 신부 일리치는 뉴욕 175번가 푸에르토리코 강생 교구의 보좌신부로 임명되었다. 이후 빈민가의 작은 아파트를 빌려 〈마리아의 작은 집 El Cuartito de Maria〉을 세워 가난한 푸에르토리코인들이 이웃과 함께 스스로 문제를 해결하도록 도왔다.

이 시기 일리치와 함께 했던 포덤 대학교의 조셉 피츠패트릭 Joseph Fitzpatrick 신부는 당시의 일리치를 이렇게 회상했다.

"일리치는 깊은 존경을 받았고, 두드러지는 인물이 되었습니다. 교구 신자들은 그를 매우 따랐으며, 미사에 대한 그의 헌신적인 태도에 깊은 감명을 받았습니다. 신자들과 삶을 공유하는 신부가 거의 없었던 시절에 그는 그들과 삶을 함께했습니다."

1955 (29세) 진보적 가톨릭 잡지『고결 *Integrity*』에 피터 캐논 Peter Canon이라는 필명으로 교회 변화를 역설하는「미국의 교회 공동체 The American Parish」를 기고했다.

1956 (30세) 포덤 대학교 캠퍼스에서 푸에르토리코인들을 위한 대규모 축제를 개최했다. 이 축제에 3만여 명의 인파가 모여들었다. 미국 사회에 새로운 이민자 집단이 공식 출현한 이 행사와 일리치에 대해서 미국 전역의 관심이 집중되었다. 같은 해 푸에르토리코 주교의 요청으로 가톨릭 대학교 부총장에 임명되었다.

1957 (31세) 푸에르토리코의 가톨릭 대학교에 〈문화간 소통 연구소 Institute of Intercultural Communication〉를 설립해 스페인어와 민중에 대한 경외심을 함께 가르치고자 했다. 부총장으로 취임한 지 1년이 지난 당시, 몇몇 동료들과 함께 당시 카스트로나 케네디 모두가 지지하던 개발 이념에 문제제기를 하고자 했다. 그동안 모은 돈을 모두 털어 카리브 해가 내려다 보이는 아드준타스Adjuntas 산 위에 한 칸짜리 판잣집을 구해 모임을 이어갔다.

같은 해, 푸에르토리코 정부의 총교육위원회를 총괄하는 위원으로 선출되었다. 이곳에서 처음으로 교육 현장을 목격하고 학교교육에 대한 고민을 하게 되었다. 이때의 경험을 바탕으로 1971년『학교 없는 사회』를 출간하게 된다.

1959 (33세) 스펠먼 추기경으로부터 가톨릭 고위 성직자에 대한 경칭인 몬시뇰 Monsignor 칭호를 받았다. 당시 전 세계 몬시뇰 칭호를 받은 사람 중에서 최연소였다. 같은 해, 24쪽의 짧은 논문인 「사라져가는 성직자 The Vanishing Clergyman」의 초안을 작성했고, 이 글은 1967년 시카고의 『비평가 Critic』지에 게재되었다.

1960 (34세) 존 케네디가 민주당 대통령 후보로 지명되기 한 달 전, 보수적 정치 성향의 푸에르토리코 주교와 정치적 갈등에 휘말렸다. 일리치는 '외교상 기피 인물persona non grata'로 지목되어 푸에르토리코에서 추방되어 뉴욕으로 송환되었다. 뉴욕으로 돌아온 후, 칠레에서 베네수엘라까지 5천 킬로미터를 걷고 말을 타며 여행했다.

같은 해, 미국 대통령이 된 케네디는 '진보를 위한 동맹Alliance for Progress'을 발표했고, 교황 요한 23세는 이를 지원하기 위해 북미 성직자의 10퍼센트를 라틴아메리카로 보낼 것을 명했다. 이 과정에서 평화봉사단 Peace Corps이 창설되었다.

일리치는 개발의 시대를 전복하려는 목적으로 멕시코 쿠에르나바카에 〈국제문화자료센터 CIF·Center of Intercultural Formation〉를 설립했다. 그는 '개발'이 미국 중산층 생활문화를 제3세계에 강요하는 일이며 모두를 가난한 생존에 빠뜨릴 것이라고 예견했다.

1966 (40세) CIF를 발전시켜 멕시코 쿠에르나바카에 〈문화교류문헌자료센터 CIDOC·Center for Intercultural Documentation〉를 설립했다. 브라질 페트로폴리스에는 『페다고지』로 유명한 교육사상가 파울로 프레이리와 함께 이 센터를 설립했다. 1970년대 중반 CIDOC는 명실상부하게 '대안대학', '자유대학'의 위상을 갖게 되었다. 또한 전 세계 사상가와 활동가들의 집결지이자 급진사상의 진원지가 되어 "서구의 급진적인 진보 지식인들과 제3세계 운동가들의 의무적인 만남의 장소"가 되었다. 일리치는 CIDOC에서의 활발한 토론과 세미나를 바탕으로 그가 '팸플릿'이라 부른 작은 책자들을 출간했다.

그러나 그의 사상과 실천이 커질수록 신변의 위협도 커졌다. 일리치는 "쇠사슬로 폭행을 당하기도 했고, 총격을 당하기도 했다"고 말했다.

1967 (41세) 거대한 관료조직이 된 교회와 세속적 꼭두각시가 된 성직자들을 비판하는 『사라져가는 성직자 The Vanishing Clergyman』를 출간했다.

1968 (42세) 교회에 대한 급진적 비판으로 교황청과 갈등을 빚던 끝에 바티칸 신앙교리성에 소환되어 심문을 받았다. 심문내용은 멕시코 가톨릭 보수파와 CIA 보고서를 기반으로 작성되었다. 일리치는 자신을 변호하는 것을 거부하였다. 이 사건은 다음 해 『뉴욕 타임스』와 『뉴요커』에 보도되었다.

1969 (43세) 교황청은 CIDOC를 탄압하기 위해 자금을 차단하고, 신부와 수녀들의 출입을 통제했으며, 일리치에 대한 비난의 강도를 높여갔다. 일리치는 담당 주교인 테렌스 쿡Terence Cooke 대주교에게 다음과 같은 편지를 보내고 스스로 사제직을 버렸다.

"일련의 과정을 통해 저는 교회의 암담한 현실을 보았습니다. 그리스도교인으로 살고자 했던 저의 선택과 성직자, 교육자로서의 역할을 더 이상 계속할 수 없어 보입니다. 지금 이 순간 저는 교회를 떠나고자 합니다. 신부로서 해왔던 모든 역할과 지위, 사무실, 특혜와 특권, 모든 것을 공식적으로 포기하겠습니다. 이제 두 번 다시 어떤 식으로도, 로마 가톨릭 교회가 사제의 활동이라 생각하는 어떠한 활동에도 관여하지 않겠습니다. 그리고 어떠한 의무도 어떠한 특권도 거부합니다."

1970 (44세) 푸에르토리코 시절 교회에 대한 비판적 세미나와 연설의 내용을 모아 『교회, 변화 그리고 개발 *The Church, Change and Development*』을 출간했다.

같은 해, 『의식의 축제 *Celebration of Awareness*』를 출간했다. 이반 일리치의 본격 첫 저서라 할 수 있는 이 책은 그를 사회적 신화와 현대 산업사회의 오래된 제도에 대한 통렬하고 격정적인 비판자로 자리매김했다. 서문에서 에리히 프롬은 일리치의 사상을 '인간적 급진주의'라고 명명했다.

"인간적 급진주의는 모든 전제에 대해 의문을 던지며 설사 비웃음을 살지라도 통찰과 대안을 만드는 것을 두려워하지 않는다. 일리치 박사가 쓴 저서의 가장 위대한 가치는 풍부한 상상력으로 그러한 인간적 급진주의를 표방했다는 것이다. 그는 전혀 새로운 가능성을 제시하여 사람들의 마음을 해방시키는 효과를 준다. 틀에 박히고, 생기 없고, 고정관념에 가득 찬 관념의 감옥 문을 활짝 열고 생명 가득한 세상으로 나올 수 있게 해준다."

1971 (45세) 『학교 없는 사회 *Deschooling Society*』를 출간했다. 이반 일리치라는 이름을 전 세계에 알린 『학교 없는 사회』는 출간 2년 만에 약 30개국, 351종의 간행물, 71권의 단행본에서 570명의 저자가 인용할 정도로 큰 영향을 미쳤다.

1973 (47세) 도구가 인간을 지배하는 시대를 비판하며, 인간성의 회복을 위해 도구의 성장에 한계를 부여해야 한다는 논리를 예리하게 펼쳐낸 『공생을 위한 도구 *Tools for Conviviality*』를 출간했다. 『옥스포드 인용사전 *The Oxford Dictionary of Quotations*』(1980)은 『공생을 위한 도구』의 다음 구절을 인용, 게재했다.
"소비사회에서는 필연적으로 두 가지 종류의 노예가 생겨난다. 하나는 중독에 속박된 노예이고 또 하나는 시기심에 속박된 노예이다."
『학교 없는 사회』와 『공생을 위한 도구』는 일리치를 세계적 사상가로 만들었다. 세계적 관심과 논쟁 속에 그는 저자와 강연자로서 엄청난 명성을 얻었다. 그의 에세이는『뉴욕 리뷰 오브 북』과『새터데이 리뷰』의 첫머리를 장식했고, 강연은 사람들로 북적였다.

1974 (48세)『공생을 위한 도구』에 이어 반생산성을 '운송과 교통'에 적용한『에너지와 형평성 *Energy and Equity*』을 출간했다. 임박한 에너지 위기를 주장하는 것이 하나의 유행이 되어 평등과 산업성장의 모순을 숨기고 환상을 신성화하고 있다고 비판했다. 에너지 소비가 많아지면 필연적으로 사회관계가 무력해지며, 사람들은 발의 효용을 빼앗기고 증대되는 수송 기관망의 노예가 될 것이라고 주장하면서, 공생의 본보기로 자전거를 제안했다.

1975 (49세)『의학의 응보 *Medical Nemesis*』를 출간했다. '의료 시설은 건강에 중대한 위협이 되었다'는 첫 문장은 일리치의 신랄한 사회 비판의 개막 성명이자 기본 입장이다. 과잉 전문화에 의해서, 건강의 유지가 어떻게 악몽처럼 정신과 신체를 파괴하는 동인으로 변질되는지를 방대한 문헌으로 입증하며 현대 의료의 신화를 해체한다. 일리치의 저서 중 가장 많은 영향을 끼친 책 중에 하나로 이듬해『의학의 한계 *Limits to Medicine*』라는 이름으로 확장 출간되었다.

1976 (50세) 4월 1일, CIDOC는 정확히 설립 10년이 되는 날 쿠에르나바카 사람들의 성대한 축제 속에 문을 닫았다. CIDOC 폐쇄에는 일리치의 깊은 고민이 있었다. 그는 사회 제도를 비판했던 '반생산성' 이론을 스스로에게도 엄격히 적용했다. CIDOC의 영향력이 커지면서 자신들의 자유로운 분위기가 '제도화'될지 모른다고 생각했기 때문이다.

CIDOC를 폐쇄하고 동남아시아로 도보여행을 떠났다. 자신이 속한 서양 현대 문명을 '낯설게 보기 위한' 탐사였다. 아시아로 향했던 여정을 끝내고 돌아와 유럽의 중세를 연구했다. 일리치는 12세기를 현대의 여러 중요한 전제가 형성된 시기로 보았다. 이어서 독일 카셀 대학교와 마르부르크 대학교, 올덴부르크와 브레멘 대학교에서 강의했다. 미국에서도 수년 간 펜실베이니아 주립대학교와 캘리포니아 클레어몬트의 피처 대학교, 맥코믹 가톨릭 신학교에서 다양한 강의를 펼쳤다.

1977 (51세) 『인간을 불구로 만드는 전문가들 *Disabling Professions*』을 출간했다. 여러 동료들과 함께 만든 이 논문집은 제도를 운영하며 시민들 위에 군림하는 전문가 권력에 대한 문제를 제기한다.

1978 (52세) 『누가 나를 쓸모없게 만드는가 *The Right to Useful Unemployment and Its Professional Enemies*』를 출간했다. 이 짧은 에세이에서 일리치는 '유용한 실업에 대한 권리'를 요구한

다. 이 개념은 시장을 위한 상품 생산 바깥에서 사람들이 자신과 타인에게 할 수 있는 유용한 활동을 다룬다. 전문가들로부터 벗어남으로써, 경제학자들이 측정하지 못했고 측정할 수 없는 이러한 활동들이 진정으로 만족감, 창조성, 자유를 낳는다고 말했다.

같은 해, 『필요의 역사를 향하여 *Toward a History of Needs*』를 출간했다. 이 저서를 통해 일리치는 연구 분야를 '역사적 고고학'으로 확장하기 시작했다.

1981 (55세) 칼 폴라니의 경제사 연구에 영향을 받아 '희소성'이라는 개념의 역사 탐구를 시작했고, 그 초안이 되는 다섯 편의 글을 묶어 『그림자 노동 *Shadow Work*』을 출간했다. 현대인의 경제 생활에 대한 역사적이고 사회학적인 분석을 통해 정치적 좌파와 우파가 제시하는 대안을 뛰어넘는 사회적 선택에 대한 다차원적 분석을 시도했다. 그림자 노동과 대비되는 '토착' 영역을 발굴, 복원해 개념을 제시했다. 『그림자 노동』에서 처음으로 역사학자의 입장으로 글을 쓴다는 점을 분명히 밝혔다.

1982 (56세) 『젠더 *Gender*』를 출간했다. 여성의 노동 역사에 대한 여권주의 학자들의 연구를 접하고 호기심이 인 그는 노동에 대한 역사를 탐구하던 중, 새로운 사실을 발견했다. 역사상 어느 시기를 살펴보아도 남자의 노동 또는 여자의 노동이 있었을 뿐, 성별이 배제된 노동의 흔적은 찾을 수가 없었던 것이다.

하지만 이 책은 일리치의 책 중 가장 많은 비방을 받았으며, 그를 낭만주의자나 반동주의자, 또는 둘 다라고 치부해버리는 평론이 잇따라 나왔다. 일리치는 점차 인기작가 대열에서 사라져갔으며, 주류 언론 및 평론계로부터 외면당하게 되었다. 『젠더』는 일리치가 미국의 주류 출판사에서 펴낸 마지막 책이 되었다. 이후 그의 저서는 소규모 독립 출판사나 대학 출판사에서 펴내게 되었다.

1984 (58세) 독일에서 『박물관의 학교 *Schule ins Museum: Paidros und die Folgen*』를 출간했다.

1985 (59세) 『H$_2$O와 망각의 강 *H$_2$O and the Waters of Forgetfulness: Reflections on the Historicity of "Stuff"*』을 출간했다. 미국 텍사스의 댈러스 인문문화연구소가 일리치에게 도심지 인공호수를 설계하는 계획에 대한 의견을 청하면서 발전된 저서이다. H$_2$O는 현대의 사회적 피조물이고 희소하며 기술적 관리를 필요로 하는 자원이다. 일리치는 악취 없는 위생을 추구하는 20세기 상품 자원으로서 H$_2$O의 사용과 남용의 역사를 추적한다. 그는 이러한 문제를 물과 결부된 이념, 신화, 환상의 역사와 대비한다.

1988 (62세) 『ABC: 민중지성의 알파벳화 *ABC: The Alphabetization of the Popular Mind*』를 출간했다. 배리 샌더스와 함께 쓴 이

책은 인간의 역사에서 읽고 쓰기가 어떻게 출현하고 확산되었는지를 다루었다. 특히 사람들의 사고 과정과 태도에 끼친 알파벳의 영향을 분석했다. 여러 시대를 거쳐온 문명의 역사에서 인간은 두 개의 역사적 분수령을 건너왔다. 그 두 가지 분수령은 고대 그리스에서 서사적 구술문화로부터 문자문화로 넘어간 것, 그리고 12세기 유럽에서 현대적 책의 조상으로 볼 수 있는 것이 등장한 사건이다. 그리고 현대에 들어와 새로운 기술적인 진보로 인해 나타난 언어에 대한 새로운 태도가 어떻게 세계관과 자신과 공동체에 대한 인식을 변화시키는지를 주목했다.

1990 (64세) 9월 14일 독일 하노버에서 한 연설에서 현대의 "건강은 나의 면역 시스템이 사회·경제적 세계 시스템으로 매끄럽게 통합되는 것을 요구"하기 때문에 이를 거부한다고 말했다. 이 연설은 2년 후 「자기 책임으로서의 건강: 사양합니다! Health as One's Own Responsibility: No, Thank You!」라는 제목으로 『자크 엘륄 학술 포럼』에 실렸다.

이 에세이는 '건강'과 '건강에 대한 책임'이 주제이지만 이 주제를 다루는 방식은 그가 지금껏 도전했던 현대 기술 문명 전부와 그 문명이 만들어낸 모든 가정과 확실성에 대한 포기 선언이다. 그가 한때 외친 '침묵을 할 권리'는 이제 현대의 책임 전부에 대한 전면적인 '사양합니다'라는 의식으로 발전했다.

"우리는 고통을 겪습니다. 우리는 아픕니다. 우리는 죽습니다.

그러나 우리에게는 희망과 웃음, 축복이 있습니다. 우리는 서로를 보살피는 기쁨을 알고 있습니다. 건강에 대한 두려움에서 시선과 생각을 들어올려 삶의 기술과 고통의 기술, 죽음의 기술을 키워야 합니다."

1991 (65세) 독일 헤벤스하우젠 마을에서 농업에 관한 모임을 가진 뒤 「흙에 관한 헤벤스하우젠 선언 Hebenshausen Declaration on Soil」이라는 성명문을 발표했다.

1992 (66세) 1978년부터 1990년까지 연설문을 묶어 『과거의 거울에 비추어 In the Mirror of the Past』를 출간했다. 일리치는 평생 자신의 사상을 집대성한 저서를 출간하지 않았기 때문에, 이 책은 그의 사상 전체를 엿볼 수 있는 저서로 평가되고 있다.

1993 (67세) 12세기 대수도원장이자 학자였던 생빅토르의 위그의 『디다스칼리콘 Didascalicon』에 대한 논평집 격인 『텍스트의 포도밭에서 In the Vineyard of the Text: A Commentary to Hugh's Didascalicon』를 출간했다. 이 제목은 '책이란 걸어가며 단어를 맛보는 포도밭'이라는 은유를 담은 것이다. 일리치는 12세기에 일어난 변화 — '텍스트'와 '체계'라는 뿌리 은유를 가르는 분수령 — 의 한 중심에 있었던 생빅토르의 위그를 세밀하게 해석하여, 새롭게 대두된 체계 담론의 추상적이면서도 비실체적인 성격에 대해 분석했다.

같은 해, 프랑스 보르도 대학교에서 열린 저명한 기술철학자 자크 엘륄Jacques Ellul을 기념하는 국제 회의에서 연설을 했다. 자신이 평생 품어온 화두인 '최선이 타락하면 최악이 된다'를 명시적으로 선언한 이 연설에서 그는 "너무 끔찍해서 이성만으로는 이해할 수 없는 역사상 극단적으로 낯선 모습"의 특징을 다음과 같이 말했다.

"첫째, 현대 기술과 그 악의적인 결과는 다른 어떤 사회의 물질 문화와도 비교가 불가능합니다. 둘째, 이 역사적인 낭비와 사치는 복음이 그리스도교라 불리는 이념으로 전복되어 나타난 결과라는 걸 알 필요가 있습니다. 문화든, 세계든, 사회든 그것을 어떻게 부르든 현대 인간이 살아가는 실제 조건은 그리스도교에서 기형적으로 뻗어 나온 것입니다. 현대 제도의 모든 구성 요소는 그리스도교의 왜곡입니다."

1996 (70세) 독일 브레멘 대학교에서 서구 전통에서 나타난 우정phila의 기원과 흔적을 찾아 고문헌에 대한 연구와 강의를 했다.

1998 (72세) 독일 브레멘 시에서 주는 문화평화상을 수상했다. 수락 연설에서 고대 그리스와 초기 그리스도교의 의례를 통해 진정한 평화와 우정의 의미를 설명했다. 이 연설은 「어울림을 가꾸기 The Cultivation of Conspiracy」라는 제목으로 『이반 일리치의 도전 The Challenges of Ivan Illich』에 실려 있다. 일리치의

사상에서 '우정'은 초기부터 중요한 자리를 차지했지만 후기 사상에 이르러 전면에 나서게 되었다. 진정한 우정에 도달하기 위해 일리치는 우리의 감각을 안내자로 삼으라고 말했다. 서로의 친구가 되기 위해 보아야 하고, 들어야 하고, 냄새를 맡아야 하고, 맛을 봐야 하고, 느낄 수 있어야 한다.

2002 (76세) 12월 2일, 독일 브레멘에서 타계했다. 일리치는 50대 중반부터 죽기 전까지 얼굴 한쪽에 자라는 혹 때문에 고통받았다. 그러나 병원에서 진단을 받지도, 치료를 받지도 않았다. 그는 혹을 그냥 내버려두기로 했으며 침술, 요가, 생아편, 자기수양 등으로 최선을 다해 통증을 이겨냈다. 주변 사람들이 왜 그렇게 고통을 감수하느냐고 물으면, 성 제롬 St. Jerome의 말을 인용해 "나는 헐벗은 마음으로 그리스도를 따를 뿐"이라고 말했다.

일리치의 평생 친구였던 리 호이나키는 일리치가 말년에 겪은 세 가지 고통을 다음과 같이 전했다.

"일리치에게 육체적 고통은 한순간도 쉬지 않고 끈질기게 찾아왔다. 또한 그는 다른 사람에게 친구로 다가가려는 시도에서 점점 더 심한 좌절을 느꼈다. 하지만 내 생각에 그는 모든 고통을 넘어서는 끔찍한 고통을 겪어야 했는데, 그것은 말하고 싶은 것을 말할 수 없음의 고통이었다. '최선의 타락corruptio optimi'과 '악의 신비misterium iniquitatis' 이 두 가지 실재 사이의 관계, 그 각각이 세계와 교회와 맺는 관계 그리고 문화·역사·그리스도교적인 측면에서 신과 관련된 것들의 상호관계였다. 지금 일리치의 죽음을 보며 나는 커다란 감사를 느낀다. 그는 죽기 전까지 하루, 한 주, 한 달, 수년을 수많은 고통 속에 보내야 했다. 이제 그 모든 것들이 그의 믿음을 완수하는 속에서 삼켜져버렸다."

그가 타계한 다음 날, 전 세계 언론은 책 한 권이 넘을 분량의 부고 기사를 일제히 쏟아냈다.

"20세기 후반의 가장 급진적 사상가"(타임스)

"어떤 위치에서든 총을 겨눌 수 있는 지적인 저격수"(뉴욕 타임스)

"이번에는 일리치가 정말로 죽었다. 내가 이렇게 쓰는 이유는 지난 몇 년 동안 일리치를 언급할 때면 어김없이 그가 언제 죽었느냐고 물어왔기 때문이다."(르몽드 디플로마티크)

"전 세계에서 가장 위대한 사상가 중의 한 명. (그러나) 서구 제도에 대한 격론을 벌이는 그의 저서는 우파들로부터는 웃음거리가 되었고, 복지국가에 대한 공격으로 좌파들로부터는 멸시를 당했다. 후반 20년 생애는 공식적으로 잊혔다. 그는 마치 오늘날 미국 주류에서 노암 촘스키 같이 논쟁적 인물이었다."(가디언)

말년에 일리치와 대담을 나누었던 캐나다 CBC의 프로듀서 데이비드 케일리는 "주류 언론에서는 일리치가 이미 20여 년 전에 죽은 사람처럼 부고 기사를 썼다. 하지만 사람들 가슴속에 일리치만큼 생생하게 살아 있는 사람은 없을 것이다. 나는 이 성경 구절만큼 그에게 합당한 부고도 없을 것이라고 생각한다"며 다음을 인용했다.

"나는 세상에 불을 던지러 왔노니, 이미 그 불이 타올랐으면 내가 무엇을 원하리요."(누가복음 12:49)

누가 나를 쓸모없게 만드는가

2판 2쇄 발행 2022년 7월 12일
초판 1쇄 발행 2014년 9월 5일

지은이 | 이반 일리치
옮긴이 | 허택
디자인 | 윤지혜
홍보 | 이상훈
종이 | 월드페이퍼
인쇄 | 천광인쇄사
제본 | 에스엠북

발행인 | 임소희
발행처 | 느린걸음
등록일 | 2002년 3월 15일
등록번호 | 제 300-2009-109호
주소 | 서울시 종로구 사직로8길 34, 330호
전화 | 02-733-3773
팩스 | 02-734-1976
이메일 | slow-walk@slow-walk.com
블로그 | https://blog.naver.com/slow_foot
인스타그램 | instagram.com/slow_walk_book

ISBN 978-89-91418-16-5 03300

과거의 거울에 비추어
이반 일리치 지음 | 권루시안 옮김 | 400쪽 | 28,000원

일리치 12년간의 연설문. "우리가 당연하게 받아들이는 상식에는 뚜렷한 역사적 시작점이 있었고 따라서 그 끝도 있으리라." 중세를 거슬러 오르는 사상의 여정, 현대의 상식과 진보에 대한 급진적 도전이 시작된다.

걷는 독서
박노해 글·사진 | 880쪽 | 23,000원

박노해 시인이 감옥 독방에서도, 국경 너머 현장에서도 멈추지 않은 의례이자 창조의 원천인 '걷는 독서'. 삶의 정수가 담긴 사상과 문장, 세계의 숨은 빛을 담은 사진이 어우러진 423편이 이 한 권에 담겼다.

그러니 그대 사라지지 말아라
박노해 지음 | 560쪽 | 18,000원

영혼을 뒤흔드는 시의 정수. 저항과 영성, 교육과 살림, 아름다움과 혁명 그리고 사랑까지, 표지만큼이나 붉은 304편의 시가 담겼다. "그러니 그대 사라지지 말아라" 그 한 마디가 나를 다시 살게 한다.

빈자의 미학
승효상 지음 | 128쪽 | 15,000원

"가짐보다는 쓰임이, 더함보다는 나눔이, 채움보다는 비움이 더 중요하다." 건축가 승효상의 좋은 집, 좋은 삶에 대한 철학서. 자코메티, 추사 김정희, 르 꼬르뷔제 등 33점 예술작품과 해설은 독서의 기쁨을 더한다.

김예슬 선언
김예슬 지음 | 128쪽 | 10,000원

"오늘 나는 대학을 그만둔다, 아니 거부한다." 2010년 고려대를 자퇴한 청년 김예슬의 한국 최초의 사회적 대학거부 선언이자 우리 모두의 인간 선언. 낡은 진보를 깨고 나온 젊은 세대의 혁명은 이렇게 시작되었다.